ÊTRE SIMPLEMENT

19, rue du Val-de-Grâce
75005 Paris
tél.: 01.46.33.68.19
fax.: 01.43.29.79.73
www.lesdeuxoceans.fr
deux-oceans@wanadoo.fr

Bernard

ÊTRE SIMPLEMENT

Questions et réponses
en Quête du Soi

Les Deux Océans
19, rue du Val de Grâce
75005 Paris

Préface

Les "Questions-Réponses" qui font l'objet de ce livre ont été posées sur une période d'une année par des chercheurs spirituels - hommes et femmes - en quête d'Absolu, de Dieu, de Vérité ou tout autre nom désignant en fait une recherche de Soi.

Celui qui répond à ces questions s'appelle Bernard. Il est né en janvier 1950 en Bourgogne. Comme il ne cesse de le rappeler, ce qu'il dit n'est pas nouveau et il n'a absolument rien inventé d'extraordinaire dans la démarche spirituelle. Sa méthode se place dans la simplicité d'expression exprimée par son Maître RAMANA MAHARSHI qui, pour lui, a déjà tout dit au sujet de la recherche et de la connaissance de Soi.

Alors pourquoi ce livre, si tout a été dit et bien dit ? Pour témoigner de son expérience, l'expérience d'un occidental de culture judéo-chrétienne et de religion catholique, et pour dire que la connaissance de Soi, de notre véritable nature est accessible à tout le monde et non réservée aux Yogis, aux Bouddhistes, aux moines errants de l'Inde et à quelques privilégiés de l'Orient.

Issu d'une famille très catholique, Bernard baigna dès le plus jeune âge dans cette ambiance de prières, de cultes, de credos qui accompagnent toujours toute religion. Cette éducation très religieuse le marqua profondément, et la notion de péché - donc de culpabilité - présente en permanence le perturba très tôt. D'un caractère excessivement passionné, avide d'Absolu, Bernard chercha, s'aidant de tous les moyens offerts par sa religion - à laquelle il croyait fermement - le moyen de devenir "meilleur", puisque cette religion ne cesse de rappeler à ses fidèles qu'ils ne sont que de "pauvres pécheurs" (comme le dit le "Je vous salue Marie").

Il éprouvait pour la Sainte Vierge un Amour total et démesuré, ainsi que pour Sœur Elisabeth de la Trinité, une carmélite de Dijon qui, comme il le disait lui-même, était "toute Amour", toute abandonnée qu'elle était à "son Jésus". Le feu d'Amour qui animait Elisabeth le faisait vibrer de Bonheur tant il sentait sa présence en lui, le rassurant, le guidant de cet élan amoureux que seuls peuvent percevoir ceux qui sont prêts à Tout donner, à tout abandonner pourvu qu'ils "voient Dieu"...

Durant ces années, Bernard pratiqua des ascèses très sérieuses de tout son cœur et de toute son âme, avec la ferveur sans limite qui le caractérise. Cependant, la recherche s'intensifiant, il ressentait de plus en plus nettement à quel point les dogmes de sa religion ne pouvaient apporter la moindre réponse aux questions qui le taraudaient, à son besoin de comprendre le "pourquoi" de la vie mais aussi du péché, d'un péché originel dont il sent de plus en plus fort qu'il n'y est pour rien...

C'est à cette époque de doutes, en cette nuit trop longue et aride, quelques mois seulement après avoir découvert Elisabeth, qu'il "rencontra" en 1979 RAMANA

MAHARSHI par la lecture de ses enseignements. Cette rencontre le bouleversa complètement, et dès lors l'Amour qu'il éprouva pour Ramana n'avait d'égal que celui qu'il ressentait pour Elisabeth.

Quelques temps après, il fit la connaissance du Centre Védantique Ramakrishna à Gretz et de son Président à l'époque, Swami Ritajananda, avec qui il eu une correspondance suivie durant plusieurs années, lui demandant des conseils spirituels, et lui exposant son cheminement, ses doutes, son tiraillement entre sa religion à laquelle il restait très attaché et sa découverte des enseignements de Ramana qui l'avaient si profondément enflammé. Après environ un an d'échange épistolaire, après avoir lu de nombreux ouvrages sur le Védanta, sur Ramakrishna et ses disciples, et sur Ramana, Bernard décida de se rendre à Gretz pour rencontrer le Swami. Cette rencontre fut un moment exceptionnel et inoubliable.

En présence du Swami, toute question, tout doute disparaissait. Sa Présence suffisait à effacer l'ego, et ces moments privilégiés emplirent Bernard d'une ferveur et d'une détermination plus grande encore. Pendant près de quinze ans, Swamiji a toujours encouragé, soutenu, rassuré Bernard dans ses moments de doute. Il dissipa ses scrupules quant à sa pratique religieuse, qui tombèrent d'eux-mêmes à mesure que la recherche se poursuivait. Bernard n'osait croire qu'il lui était possible d'atteindre la réalisation du Soi, tant l'exemple de Ramana était exceptionnel, mais Swamiji lui répondit : "Oui, Ramana est exceptionnel, mais la réalisation n'est pas exceptionnelle". Et il a assuré à Bernard que la réalisation du Soi n'était pas un but impossible à atteindre, mais qu'elle était pour cette vie même. Et il avait raison... Quelques années plus tard, lors d'une visite de Bernard, accompagné de sa fille aînée et d'un jeune ami, il dit : "Moi je ne serai plus là, mais vous aurez Bernard." Et, s'adressant en particulier à sa fille : "Si tu as des questions, pose-les à ton papa, il saura toujours te répondre". Ces quelques mots expriment bien la confiance que Swami Ritajananda portait à Bernard, en qui il avait remarqué une ferveur et une détermination particulièrement rares. Et cette confiance poussa ce dernier, plus que jamais, à aller au bout de sa recherche, avec une ardeur infaillible.

C'est au cours de ces années que la plupart des personnes ayant posé les questions de cet ouvrage ont rencontré Bernard. Bien que les circonstances diffèrent, pour chacun cet événement fut un moment décisif de leur recherche spirituelle, et a laissé une marque profonde et indélébile. Ce type de rencontre laisse souvent une impression surnaturelle, par ses circonstances, par l'effet qu'elle a produit sur ces personnes. Le point commun le plus important est certainement cette certitude dans le cœur de tous qu'un lien particulier s'est créé dès cet instant, un lien d'Amour auquel nul n'aurait imaginé se soustraire... Alors même que Bernard poursuivait sa recherche du Soi, sa détermination, sa passion était telle qu'elle emportait avec lui le cœur de ceux qui l'entouraient.

C'est en 1995 qu'eut lieu l'expérience ultime amenant Bernard à la Réalisation du Soi. Un premier état d'absorption temporaire dans le Soi, au cours d'un voyage à Lourdes, présageait de l'expérience finale qui eut lieu quelques mois plus tard, au sortir de laquelle toute identification à une forme particulière avait disparu. Le spectateur et le spectacle ne faisaient plus qu'un, la connaissance "JE SUIS" était permanente et s'imposait d'elle-même, sans que le mental ait à intervenir. Il n'y eut plus de changement depuis ce jour.

Pour tous ceux qui l'ont rencontré, la rencontre fut un événement crucial. Tous ont eu un rapport privilégié et unique avec lui, et les différents témoignages reflètent les différentes facettes d'un Amour et d'une attention toute particulière dont ils ont été enveloppés.

Ceux qui s'attendent à découvrir un individu d'apparence exceptionnelle sont certainement déçus à la vue de Bernard. Cet homme marié, père de quatre enfants, en retraite un peu plus tôt que la normale à cause d'un corps défaillant, n'a rien de l'image classique du "Sage" tel qu'on se le représente habituellement. Néanmoins, on est rapidement touché par la douceur de son regard, et le ton de sa voix lorsqu'au cours d'un entretien particulier il réchauffe le cœur du chercheur découragé. Mais ce qui frappe le plus, c'est le formidable Silence qui rayonne de cet être, et une Présence si vive du Soi, un sentiment d'Amour qui vous envahit et vous emplit le cœur jusqu'à parfois vous faire frémir de Bonheur.

Comme l'a écrit l'un des amis qui bénéficient de sa compagnie : "Je n'ai jamais vu quelqu'un qui ne voulait moins des gens qu'il rencontre. Pas de semblant, pas d'effort pour plaire, rien que la Liberté." Cependant, nombreuses sont les personnes qui ont été attirées par cette Liberté et cet Amour qui rayonnent d'un Être réalisé.

Bernard souhaite que son expérience montre très simplement qu'un être normal, père de famille, dans le monde du travail, peut - malgré le poids d'une religion qui sans cesse abaisse les individus en les qualifiant de pécheurs - non seulement se débarrasser de ces multiples concepts injustifiés et totalement faux, mais aller au-delà et réaliser qu'en fait il est Libre. Ce sont les concepts qui nous maintiennent en état d'esclavage. Au delà de ces concepts, Je Suis et ce "Je Suis" ne dépend d'aucune religion, d'aucune philosophie ni d'aucune idée, aussi grande soit-elle.

Si nous connaissons notre véritable nature, tout sera connu. Ceci est son message et il ajoute toujours : "Ce n'est pas de moi, ce n'est pas non plus nouveau, mais je vous l'assure, c'est Vrai !" Le chemin qui mène à cette connaissance est simple : il consiste à effacer de notre mémoire tout ce que l'on nous a appris parce que tout cela ne fait pas partie de notre expérience personnelle, ce sont des "on dit". Rejetez ces "on dit" et voyez vous-même ce qu'il en est. Ne tenez pour vrai que ce vous expérimentez vous-même ! Lorsque vous aurez effectué ce travail, tous les concepts seront effacés et il ne restera plus que Le témoin de tout cela, Vous, la Conscience, Présence totale et permanente existant d'elle-même et sans laquelle rien n'est.

AVANT PROPOS

Une petite mise au point est indispensable afin de préciser à chaque lecteur, à chaque chercheur d'Absolu, de Vérité, ou simplement du sens de l'existence, la nécessité de s'imprégner du sens profond des réponses aux diverses questions posées – c'est-à-dire du fond- sans trop s'attarder sur la forme particulière donnée à chaque réponse.

En effet, la forme concerne spécifiquement la personne qui a posé la question et qui a obtenu la réponse qu'elle pouvait « entendre ». Ce qu'elle peut entendre est fonction de sa personnalité propre, de ce qu'elle est capable d'accepter, de son évolution à l'instant même où la question a été posée et d'autres facteurs plus subtiles…

Le fond de la réponse va directement au Cœur et concerne tout chercheur sérieux et passionné. L'impact produit est alors fonction de la ferveur de chacun.

Il est indispensable que la réponse soit « absorbée » sans que l'intellect ait le temps d'interpréter ce qu'il a entendu. Plus tard, la personne y réfléchira, retournera les paroles dans tous les sens et fera agir son sens critique.

La compréhension intellectuelle est utile pour prendre conscience de l'existence des concepts, mais elle est incapable de les dépasser tout simplement parce qu'elle en fait partie.

Il ne faut donc pas trop donner d'importance à la compréhension, et se souvenir avec Passion que seule l'Expérience personnelle nous conduira au But tant désiré.

À lire avec le Cœur

1/ Si le SOI est l'état dans lequel il n'y a plus aucune distinction entre le bien et le mal, pourquoi est-il nécessaire de demeurer dans le bien pour accéder à cet état ?

R - Il faut bien "comprendre" que le SOI n'est pas un état et donc qu'Il ne peut être question de l'atteindre. Nous sommes toujours le SOI. Par contre, les trois états, de veille, de rêve et de sommeil profond sont eux, des états et ne concernent que la Manifestation. Dans ces états, la distinction est établie entre ce que l'on appelle "le Bien" et "le Mal". En règle générale, nous appelons "Bien" ce qui nous rend heureux et "Mal" ce qui nous rend malheureux. Pour celui qui vit dans le monde et qui est donc identifié à son corps, c'est-à-dire à une forme déterminée, cette distinction existe réellement et la question pourrait se résumer ainsi : est-ce qu'il est préférable de faire le bien plutôt que le mal ? La réponse est évidente.

2/ Quel est le moyen le plus aisé, ou disons plutôt le plus sûr de passer d'une "compréhension" intellectuelle de ce qu'est le SOI à une véritable expérience du SOI ?

R - En comprenant bien que la compréhension ne peut justement être qu'intellectuelle et qu'il n'existe jamais un seul moment pendant lequel nous n'expérimentons pas le SOI. Ce que nous sommes, c'est uniquement le SOI et ce que nous pensons être n'est que son ombre. Mais c'est vrai qu'il est indispensable de passer par le cheminement intellectuel qui comprend trois étapes successives : Écouter - Méditer ce que nous avons entendu - Expérimenter. L'expérience spirituelle est le résultat naturel des deux premières étapes et elle n'est jamais provoquée. Elle survient au moment où l'on s'y attend le moins et efface pour un instant l'Ego, c'est-à-dire les pensées. Nous expérimentons toujours le SOI, mais comme cette expérience est perturbée par la dualité résultant de la manifestation, nous confondons l'ÊTRE avec le PARAÎTRE, le spectateur avec le spectacle.

En fait, la recherche spirituelle, qui doit nous donner un jour la réponse au "Qui suis-je ?", ne peut être qu'une démarche intellectuelle. On ne peut comprendre que ce qui est inconnu, on ne découvre que des choses nouvelles, or le SOI est toujours connu. C'est donc en éliminant tout ce qui nous empêche de n'être que le SOI que nous serons réellement ce que nous sommes en permanence. On peut même dire et essayer de comprendre qu'il ne peut pas y avoir d'expérience du SOI, mais il y a toujours, dans le monde manifesté, expérience du non-Soi, c'est-à-dire de l'EGO.

3/ Lorsque nous dormons, durant la phase de sommeil profond, a-t-on conscience d'être ?

Si oui, pourquoi n'en garde-t-on pas un souvenir (ou une trace quelconque) ?

Si non, l'Absolu est-il alors un état dans lequel on ne peut avoir conscience d'être ?

R - Il faudrait poser la question à celui qui dort ! Est-ce que dans le sommeil profond, une telle question apparaît ? La réponse est non ! Qui dit ne pas être conscient durant le sommeil profond ? On ne peut pas dire que l'on n'était pas conscient durant le sommeil profond. Ce qui est vrai, c'est que nous ne nous en souvenons pas. Mais un trou dans la mémoire n'est pas un trou dans la conscience.

En fait, dans cette question, c'est l'individu, donc l'Ego qui demande s'il a conscience d'être présent durant le sommeil profond. Cette fois, et vu sous cet angle, la réponse est bien sûr : non ! L'Ego n'est pas présent durant le sommeil profond car lorsqu'il est présent durant le sommeil, il s'agit alors du rêve.

Parlant de l'état de rêve, on pourrait se demander : A-t-on conscience d'être durant le rêve ? Oui, le rêveur a conscience d'être, mais seulement d'être, à aucun moment, il ne s'aperçoit qu'il rêve. Tout ce qui est perçu en rêve lui semble bien réel. C'est lorsqu'il sort de cet état de rêve que l'individu peut se dire : "Mais ce n'était donc qu'un rêve !". De la même manière, lorsque l'individu sortira de l'état dit "de veille", c'est-à-dire lorsqu'il réalisera sa vraie Nature, tout en soupirant et en riant, il dira : "Ce n'était donc qu'un rôle dans un film !" Mais répondons clairement à cette question avec une mise en garde toutefois : il n'est pas nécessaire d'essayer de comprendre ce qu'il y a lorsque l'EGO est absent ou ce qu'il n'y a pas. Tout raisonnement à ce sujet ne mènerait à rien.

La conscience d'être, c'est-à-dire l'Êtreté est permanente ; ce sont les états qui sont impermanents et qui changent, pas le SOI. Le SOI est l'écran sur lequel les images (les états) apparaissent et puis disparaissent. Le SOI n'est jamais affecté, bien qu'étant à la base de la manifestation.

Encore une fois, ce que l'on appelle l'ABSOLU, ou le SOI, ou DIEU s'il le faut n'est pas un état parce qu'un état n'existe que par rapport à un autre. L'Absolu est au-delà des états, mais il les sous-tend. Lorsque l'Absolu n'est pas manifesté, il est le SOI, c'est-à-dire l'ÊTRETÉ. La différence entre le SOI non manifesté et le SOI manifesté, c'est que le premier existe de lui-même, par lui-même et qu'il est le TOUT, alors que le SOI manifesté, qui prend le nom d'EGO, se heurte à l'espace-temps et a donc besoin d'une forme qui, pour un homme, par exemple, est un corps. Le SOI EST, mais l'EGO apparaît par intermittence. C'est pour cette raison que l'on peut dire que l'Ego n'existe pas réellement, en ce sens qu'il n'a pas d'existence propre, indépendante. Il n'est qu'un pâle reflet du SOI. Dans l'Hindouisme, on dit souvent que l'Ego est un imposteur parce qu'il se fait passer pour le SOI. L'exemple est excellent, et RAMANA d'ajouter : "Découvrez l'imposteur et soyez libre !"

4/ Nisargadatta Maharaj, lors d'un de ses nombreux entretiens, a mis en évidence l'ironie de la quête spirituelle en expliquant que ce qui est cherché est le chercheur lui-même ! Comparant alors le chercheur à un œil, il pose la question suivante : "un œil peut-il se voir ?"

Quelle est la solution à ce problème ? Que faut-il faire ou ne pas faire pour permettre à l'œil de se voir ?

R - C'est ce que l'on répète sans cesse et c'est vrai ! Ce que nous désirons atteindre, ce que nous cherchons avec passion, avec ferveur, en y mettant tout notre cœur, tout notre Amour, quitte même à y laisser notre santé physique, oui, ce que nous trouverons, en fin de compte, après parfois un long chemin et bien des épreuves : c'est Nous ! Plus précisément, Notre ÊTRE réel, celui que nous sommes à chaque instant et que rien ne peut atteindre.

C'est vrai, et c'est sans doute bien de le rappeler souvent, mais pour celui qui cherche, ce ne sont malheureusement que des mots. Rassurants certes, puisque, s'il a bien entendu, il sait à présent qu'il ne peut absolument pas ne pas arriver au But qu'il s'est fixé, puisque le But, c'est Lui, le SOI ! Mais combien de chercheurs ont réellement entendu ces mots précieux ? Combien agissent en fonction de cette évidence ? Très peu !

Cela prouve que c'est loin d'être évident et que, au-delà des mots et des belles expressions, le mental, les pensées, en résumé, l'Ego, n'est pas très disposé à accepter d'emblée que l'on ne tienne plus compte de lui, et bien souvent, c'est lui qui l'emporte. C'est pour cela qu'il existe une recherche, un long chemin, des masses de techniques de méditation, de multiples exercices de Yoga qui permettront à l'élève de se relaxer, de méditer, puis enfin, le calme venu, d'entrevoir, grâce à certaines expériences qui arriveront en temps voulu, qu'il n'est peut-être pas qu'un corps physique.

Il faut bien comprendre qu'il n'y a pas deux SOI : l'un cherchant l'autre. Par contre, et c'est bien pour cela que le chemin est long, il y a la manifestation et le non manifesté. Celui qui cherche est dans le monde manifesté alors que le cherché n'est pas manifesté ! Les deux sont réels, mais l'Un est éternel, alors que l'autre, en comparaison, n'est qu'un millième de seconde.

Alors, quelle est la solution à ce problème ? C'est bien entendu de trouver la réponse. Sachant qu'elle est en nous, concentrons toute notre attention sur le fonctionnement des pensées, plongeons à la source d'où elles jaillissent et elles disparaîtront d'elles-mêmes. C'est vrai, l'œil ne peut se voir, mais si l'on met un miroir devant lui, il se verra. Pour le chercheur, le miroir c'est le SOI.

5/ On parle souvent de purification de l'esprit ou de la psyché comme une étape essentielle avant l'acquisition de la connaissance du SOI. De quoi l'Esprit doit-il être purifié ? En quoi cette étape est-elle nécessaire au cours de la quête du SOI ? Quel est le moyen d'effectuer cette purification ?

R - Tout d'abord, précisons encore une fois qu'il n'y a aucune connaissance à acquérir pour être le SOI, puisque nous Le sommes déjà. Connaître le SOI, c'est tout simplement Être le SOI. Comme nous sommes le SOI, mais que nous ne le savons pas réellement, c'est ce que nous prenons pour le SOI, c'est-à-dire l'EGO qu'il faut éliminer !

Quant à purifier l'esprit, c'est-à-dire l'Âme ou Ego, cela fait partie des diverses techniques utilisées par les religions ou mouvements spirituels ou encore écoles de Yoga. Cette purification n'a aucun sens pour celui qui suit le chemin de *JNANA*.

Mais précisons tout de même que procéder à une éventuelle purification suppose que nous sommes, au départ, impurs... Comprenons très clairement et une fois pour toutes que nous ne sommes jamais, à aucun moment impurs ! L'idée même d'impureté provient certainement, comme une foule d'autres conceptions, des multiples procédés de culpabilisation inventés par les religions... "Je" n'est pas le corps, comment pourrais-je un instant être pur ou impur ? Même le corps lui-même ne peut pas être pur ou impur, il est simplement provisoire et de ce fait soumis à des changements, à un début et donc une fin, c'est tout. D'autre part, vous rappelez-vous avoir un jour sollicité un corps ? Est-ce vous qui avez demandé à venir dans ce corps qui pour le moment est votre forme physique ? Il n'existe absolument rien d'impur ni en l'homme ni en aucune autre forme en ce monde. Tout ce qui existe, arrive simplement. Les choses sont simplement ce qu'elles sont : c'est après l'apparition de ces choses, formes, etc... que nous leur mettons des étiquettes : ceci est bien, cela est mal ; cette chose est pure, celle-ci est impure ; cet homme est blanc, celui-ci est noir, etc... Tout cela n'est que simple conception ! Qui suis-je moi, lorsque, dormant profondément le soir, ces idées, pensées, conceptions, convictions, certitudes, croyances, disparaissent ? Et si elles existent réellement, pourquoi ne sont-elles pas présentes dans le sommeil profond ?

Comme beaucoup d'autres mots, celui de purification doit être effacé de votre vocabulaire.

Au lieu de vouloir purifier l'Ego, il est préférable de réaliser qu'il n'existe que parce que le SOI le permet. Découvrons qui se cache derrière l'Ego et le chemin sera accompli !

6/ *Comment un être ayant réalisé sa véritable nature, ne faisant qu'un avec l'Absolu, étant en dehors du temps et de l'espace, peut-il s'intéresser au monde manifesté et à ce qui s'y passe ? Comment peut-il même encore percevoir le monde manifesté ?*

R - Comprenons bien ceci : une personne ne peut pas être libérée, mais au contraire, l'Être Réalisé est libéré de la personne. La différence est essentielle et il faut absolument s'imprégner de cette vérité.

Cette question concerne l'individu, l'ensemble corps-mental, c'est-à-dire la forme que "les autres" perçoivent. En réalité cela ne se passe pas comme on le croit. Il serait sage de répondre à ce genre de question en disant : "Réalisez d'abord et vous verrez ensuite !"

On ne peut pas tout dire, tout expliquer lorsqu'il s'agit d'un état qui n'en est pas un puisqu'il se situe dans la non-dualité et que nous parlons à partir de la dualité, ce qui est inévitable. Le problème est toujours le même : les gens voient un homme "réalisé", ils pensent qu'il est "réalisé", mais ils continuent à voir un homme, un corps. Si l'on ne voit qu'un homme, on ne trouvera pas un grand changement dans sa vie habituelle. Selon les Êtres, ils continueront de paraître physiquement comme avant, mais ceci ne concerne que les apparences. En réalité, il en est tout autrement. L'Être libre est libéré une fois pour toute de son individualité, il est libéré de la personne de façon définitive et disons qu'il regarde le film de la vie de cet individu qu'il a cru être comme si c'était un rêve, sans plus. Lorsque vous sortez de l'état de rêve, vous pouvez songer aux rêves que vous avez vécus durant cet état, mais vous n'y songerez pas très longtemps, sachant très bien que ce n'était qu'un rêve. L'Être qui a réalisé sa véritable Nature, de la même façon, sortant de cet état que l'on appelle "veille", constate que ce n'était en fait qu'un autre rêve et "assiste" à la suite du film sans en être perturbé. L'écran n'est pas affecté par les images qui s'y reflètent.

L'Être réalisé ne dit pas qu'il perçoit le monde manifesté, parce que pour Lui, il n'existe rien en dehors du SOI. Le SOI est la totalité du manifesté et du non-manifesté et pour l'Être libéré, il n'y a aucune différence, mais un tout unique. Mais les mots n'exprimeront jamais ce qui n'est pas exprimable.

7/ Existe-t-il plusieurs niveaux de conscience ? Si oui, le rêve et le monde manifesté sont-ils issus du même niveau de conscience ?

R - Oui, on peut dire qu'il existe plusieurs niveaux d'inconscience. Considérant que seul le Soi est la véritable conscience, il faut admettre qu'il y a des personnes plus ou moins inconscientes de leur nature réelle.

Les états de veille et de rêve font tous les deux partie du monde manifesté. La différence entre le rêve et la veille se situe uniquement dans la durée. Peut-on voir le monde sans corps ? Peut-on voir le rêve sans corps ?

Non, la seule différence là encore, c'est le corps. Dans le rêve il s'agit du corps astral et dans la veille du corps physique. Ce n'est pas ce qui est vu qui est important, mais celui qui voit. Donc, les états de veille et de rêve ne concernent que l'EGO ou individualité.

8/ Le concept de la recherche spirituelle implique qu'il y a un chercheur d'une part et quelque chose de cherché d'autre part : il y a donc dualité. La recherche serait-elle alors un obstacle à son propre aboutissement ? Faut-il arrêter de chercher pour expérimenter le Soi ?

R - Il faut absolument comprendre, ou essayer d'avoir toujours un regard porté un peu plus loin que notre raisonnement intellectuel. Le raisonnement est indispensable, le besoin de comprendre également sinon, il n'y aurait pas de recherche... Toutefois, nous ne devons jamais oublier qu'il n'y a absolument rien à faire de particulier pour "expérimenter le SOI" puisqu'IL est toujours, à chaque instant, "expérimenté". Comme il n'existe absolument rien "en dehors" du SOI et qu'il est toujours présent, c'est tout le reste (monde, individus, états, pensées) qui fait l'objet d'une expérience particulière, jamais le SOI !

En réalité, on ne peut pas expérimenter le SOI parce que l'expérience n'existe que dans et à cause de la dualité "expérimentateur-expérimenté". C'est pour ces raisons que l'on dit que Connaître le SOI, c'est simplement ÊTRE le SOI.

Mais la recherche est malgré tout indispensable bien sûr ! Ce qu'il faut bien définir, c'est le BUT de notre recherche : Que ou Qui cherchons-nous ? Tant que nous sentons au plus profond de nous le besoin de comprendre le But de la vie, et de répondre aux questions que nous nous posons au sujet de notre condition d'être humain, de la finalité de la "création", il y a recherche et c'est la bonne voie. Il est indispensable de commencer par toutes ces questions et d'y apporter des réponses, celles-ci ne seront pas toujours les mêmes, elles vont évoluer lentement, proportionnellement à notre désir d'atteindre le But.

Mais, encore une fois, ce sont nos cinq sens qui expérimentent la manifestation et les événements qui s'y déroulent. C'est pour cette raison que les Yogis (par exemple) font tant et tant d'exercices pour maîtriser leurs sens et en devenir finalement maîtres. Dans quel but ? Tout simplement d'aller au-delà. Aller au-delà des sens, maîtriser les sens : tout cela pour dire que lorsque les sens sont transcendés, tout ce qui va avec l'est également : c'est cela le travail pratique d'une recherche. Celui qui a maîtrisé les sens de l'ensemble corps-mental ne peut plus être identifié à l'individu parce qu'il n'y a plus possibilité d'expériences. Tout a été réabsorbé à la source et il ne reste plus que l'Être, c'est-à-dire l'Existence pure qui est non manifestée mais qui pourtant permet qu'il y ait manifestation, puisqu'elle est la base d'où tout provient et où en fait tout revient.

Pour en revenir au dernier élément de la question, on peut dire en effet que c'est quand la recherche prend fin que le SOI est simplement ce qu'il Est et qu'Il a toujours été : la pure conscience d'Être. Mais il ne faut surtout pas arrêter volontairement la recherche, au contraire, il faut se battre de toutes ses forces, de toute son Âme, avec la conviction que le BUT sera atteint. L'échec est impossible pour celui qui veut absolument y arriver !

La recherche s'arrêtera d'elle-même lorsque le mental, las de lutter, rendra les armes ! Pendant des années, nous cherchons, sans trop savoir quoi, sachant qu'il y a quelque chose, en nous, au plus profond de nous, qui nous appelle, une vérité intérieure en quelque sorte. Alors nous partons à la recherche de cette Vérité avec son flot de questions inévitables. Au fil du temps, notre conception de la Vérité va changer totalement, les questions vont diminuer, le raisonnement ne fonctionnera plus comme avant, les doutes vont diminuer.

En fait, à force de harceler le mental, de le forcer à se plier à notre volonté ; à force d'efforts répétés pour devenir maître des sens, nous deviendrons libres, car ce que nous montre le monde, c'est que l'homme est esclave de ses sens ! Si nous parvenons à inverser ce processus, le plus gros du travail sera réalisé...

9/ *Quels sont les moyens qui permettent de ne plus tout analyser de façon rationnelle, de franchir cette barrière qu'est l'intellect pour le cheminement spirituel ?*

R - En dehors de l'introspection, de l'investigation qui ne peuvent être qu'intellectuelles, la méditation est un bon moyen de "mise au calme". Mais ce n'est qu'un moyen et il ne faudra jamais l'oublier ! Mais en fait, l'intellect n'est pas une barrière puisqu'il est malgré tout indispensable à toute recherche. Il ne faut jamais perdre de vue que la recherche ne peut être que subjective et qu'à partir de là, le seul handicap, la seule barrière, c'est justement de penser qu'il puisse y avoir une barrière.

10/ *"L'identification résulte du concept imaginaire d'une entité autonome indépendante qui se croit l'auteur de ses actes et par ce fait prend livraison des actions et de la responsabilité de leurs conséquences." Cela signifie donc que nous n'agissons pas mais que les choses "arrivent" !*

Cela implique-t-il que nous ne devons plus rien faire et que nous devons laisser les événements agir sur nous ?

Au contraire, devons-nous continuer à nous sentir responsables de nos actions tant que nous sommes identifiés au corps ? Cela ne représente-t-il pas un obstacle dans notre Quête de la Vérité ?

R - Qui pose de telles questions ? Pour dire que nous n'agissons pas, mais que les choses arrivent, il faut être libre ou, comme l'on dit, "réalisé". Avant ce jour, il est bon de le savoir, en arrière plan, comme base de travail et uniquement dans ce sens. Sinon, cela ne veut absolument rien dire. Celui qui entreprend une quête spirituelle ne doit tenir pour Vrai que ce qu'il expérimente lui-même et prendre tout le reste pour des “on dit”. Il ne faut absolument rien accepter en dehors de ce que nous expérimentons. C'est le meilleur moyen de réussir ! Il suffit de regarder l'histoire des religions avec leurs montagnes de credos, leurs multitudes de rites, cultes, affirmations de toutes sortes, que les hommes ont acceptés comme on est obligé d'accepter qu'après le lundi vienne le mardi, c'est-à-dire passivement, pour se rendre compte que cette façon de faire mène à la catastrophe et ne conduit pas l'homme au But ultime, quel que soit le nom que l'on donne à ce But. Les religions, philosophies diverses, etc... nourrissent le mental et donc la personnalité, l'individu et fortifient l'Ego : comment pourraient-elles de ce fait parvenir à un résultat qui, en l'occurrence, est de rendre l'homme libre ?

Quant à cet éternel problème qui consiste à dire : “Si les choses arrivent et que je n'y peux rien changer, alors, je ne fais plus rien !” La réponse est simple : essayez ! Tant qu'il existe un individu, l'action est inévitable parce que c'est un tout. Là encore, il est bon d'avoir cette éventualité en arrière-plan, comme base de travail, mais tant que l'on ne sera pas libéré de la personnalité, ce ne seront que des mots...

Alors, en effet, doit-on se sentir responsable de nos actions tant que nous sommes identifiés à cet ensemble corps-mental ? Nous sommes responsables de ce que nous pouvons changer. Mais que pouvons-nous changer dans notre vie, dans les événements qui se succèdent à chaque instant ? En réalité : Rien ! Nous n'avons aucune emprise sur ce qui arrive, la seule chose que nous pouvons changer, c'est notre attitude. En tant qu'individu, nous n'avons aucune responsabilité quant aux événements qui se déroulent dans le monde. Mais, avant d'être libéré de l'illusion provoquée par la dualité, tous ces mots, ces affirmations n'ont certes aucun sens...

***11/** Vous avez affirmé, après avoir répondu à mes questions, avoir découvert les réponses en même temps que vous les lisiez ! J'aimerais savoir "Qui" a découvert ces réponses ! En effet il ne peut s'agir de votre ego, ni de votre "corps-mental" puisque vous êtes complètement "désidentifié". Il est clair pour moi que ces réponses ont été directement dictées par le Soi avec lequel vous ne faites qu'Un. La question reste donc entière : comment avez-vous pu "découvrir" les réponses à mes questions ?*

R - Ce genre de question n'a aucun intérêt en ce sens qu'elle n'apportera rien qui puisse servir au progrès spirituel. Si, comme il est dit dans la question, il est clair que ces réponses ont été directement dictées par le Soi, où est le problème ? Mais, plus sérieusement, pourquoi essayer de comprendre ce qu'est l'"État" d'un Être réalisé quand on ne comprend pas encore son état présent ? C'est tout simplement impossible ! Oui, l'homme libre, le libéré, l'Être réalisé, ou toute autre appellation, est désidentifié, mais pas seulement de la personne, de l'individu, mais de l'ensemble de la manifestation. Alors effectivement on peut dire, mais seulement quand on y est, que les choses arrivent puisque l'on en est "témoin".

Mais le chercheur peut-il comprendre que tout cela n'est réel que pour celui qui observe dans la manifestation ? Pour l'Être réalisé, la vérité est simplement qu'il ne se passe absolument rien !

***12/** Est-il possible de s'intéresser à autre chose qu'au Soi lors de la quête du Soi (amour, études, vie professionnelle, famille, etc...) ou faut-il abandonner toute activité ou préoccupation extérieure pour ne se consacrer qu'au Soi ?*

R - Avant de commencer une recherche spirituelle, définissons bien Ce que nous allons rechercher. Certains l'appellent DIEU, d'autres La Vérité, etc... Nous préférons dire le SOI qui est l'unique source du Bonheur. Nous savons, au moins intellectuellement ce qu'Est le SOI : notre Vraie Nature, Celle qui ne change pas, stable, éternelle, source de tout ce qui existe.

La recherche spirituelle est donc la recherche de soi-même, tout simplement. Comment allons-nous procéder pour réaliser notre vraie nature ? Non pas en essayant vainement d'accumuler des "connaissances", ni en voulant à tout prix accéder à des "niveaux de conscience" imaginaires et de toutes façons inutiles, mais en éliminant tout ce que nous ne sommes pas. À force de discriminer, de trier, d'éliminer tout ce qui est provisoire, éphémère, donc irréel, nous verrons peu à peu l'intérêt que nous portons pour le monde avec tout ce qu'il contient de souffrances et de joies bien illusoires, disparaître lentement et faire place à une PAIX intérieure que rien ne pourra jamais troubler.

Il n'est pas nécessaire, ni souhaitable d'abandonner nos activités, quelles qu'elles soient pour partir en quête du SOI. Ce qu'il faut abandonner peu à peu, c'est l'illusion d'être l'auteur des actes. Ce n'est pas simple au début, mais les efforts répétés, le désir ardent d'arriver au But et une Foi à toute épreuve nous donneront la victoire, car il s'agit bien d'une lutte ! On peut donc dire en fait, qu'il ne s'agit pas d'abandonner nos activités, mais de faire en sorte que ces "activités" nous quittent.

Oui, on peut s'intéresser à autre chose qu'au Soi, au cours de notre recherche spirituelle, surtout au tout début. Avec le temps et disons les "progrès spirituels", l'intérêt que l'on avait pour d'autres activités ou passions tiendra moins de place parce que le Soi brillera davantage. C'est un peu comme un enfant qui admire la lumière émise par une ampoule et qui, soudain, découvre le soleil et son extraordinaire rayonnement. Il ne pensera plus jamais de la même manière à la petite lumière d'une ampoule.

Souvent, nous donnons une importance exagérée à des choses qui en fait n'ont qu'une importance toute relative. Ce que nous trouvions magnifique autrefois ne nous intéresse plus aujourd'hui. Tout est relatif, tout change, rien n'est stable. Alors quand il s'agit d'aller à la rencontre de La Vérité, il est certain qu'elle nous attirera comme un aimant et qu'elle captivera toute notre énergie. Tout le reste nous apparaîtra alors sous un autre jour, totalement différent.

En fait, lorsque l'on expérimente réellement que l'on n'est pas cet ensemble "corps-mental" auquel nous nous sommes toujours identifiés, comment pourrait-on s'intéresser à autre chose ? Car alors, tout est vu comme éphémère et vraiment "tout petit", notre vision change totalement. Et puis, cette expérience peut être faite assez rapidement, au cours d'une bonne méditation. C'est un réel encouragement pour celui qui cherche !

13/ Dans quelle mesure est-il possible de comparer l'état de sommeil profond avec la Conscience pure quand on sait que le premier est passager alors que l'autre est atemporelle ?

R - La réponse se trouve en partie dans la question... C'est vrai, l'on compare très souvent l'état de sommeil profond avec "l'état initial", parce que nous comprenons mieux avec des exemples et celui-ci est bon. En effet si nous arrivons à comprendre que durant le sommeil profond, et bien qu'il n'y ait conscience ni du corps, ni du monde, ni de Dieu, nous existons malgré tout, un grand pas sera effectué dans la bonne direction.

La comparaison ne se situe qu'à ce niveau cependant. Il est très simple de comprendre que si nous continuons d'exister sans avoir conscience du corps, c'est que nous ne sommes pas uniquement le corps. C'est ce que nous expérimentons chaque nuit, au cours du sommeil profond, mais nous n'en gardons pas le souvenir...

Mais la comparaison est également trompeuse parce que le sommeil profond n'est qu'un état, alors que le SOI se trouve au-delà des états et c'est pourquoi l'on se presse d'ajouter que la réalisation ressemble au sommeil profond avec la Conscience en plus... Ce qui en fait ne veut pas dire grand chose, mais c'est ce qui se rapproche le plus de la réalité qui ne peut être exprimée.

Le sommeil profond n'existe que parce ce qu'existent également la veille et le rêve, c'est-à-dire les trois états. Ce qu'il faut absolument comprendre, c'est que ce ne sont pas les états qui importent, mais celui qui constate les états, le Témoin qui se trouve, Lui, au-delà de tout état. Il n'existe qu'un SOI, mais il existe plusieurs états. Si donc nous supprimons les états, que restera-t-il ? Le Soi. Pendant l'état de veille, je suis, durant l'état de rêve, je suis, au cours du sommeil profond, je suis encore : c'est le fait "Je suis" qui ne change pas et ce sont les états qui changent sans cesse tout simplement parce qu'ils n'ont aucune existence propre. Les états sont irréels en tant que simples états, mais ils sont réels en tant que ce qui se présente à nous sous l'apparence de ces états.

Tout le monde est habitué à dire : "j'ai bien dormi, j'étais heureux durant mon sommeil" Mais tout le monde reconnaît également ne pas savoir ce qui se passe durant le sommeil profond... Nous pouvons tirer deux éléments importants de ces constatations : d'une part une impression de bonheur et d'autre part l'inconscience, l'ignorance de cet état quand il se produit. Mais pour pouvoir dire à l'état de veille "j'étais heureux durant le sommeil, c'était la Paix parfaite", il a bien fallu que cette expérience se produise et qu'il y ait quelqu'un pour l'apprécier ! Donc, la conscience existe réellement durant le sommeil profond, mais elle n'est pas activée parce qu'il n'y a pas les formes perceptibles dans l'état de rêve ou l'état de veille. La félicité éprouvée durant le sommeil profond provient de l'absence de perception, les sens étant, disons, engourdis.

Il faut à nouveau préciser que la comparaison de "l'état de réalisation" avec le sommeil profond concerne la félicité éprouvée pendant cet état, mais uniquement son côté négatif parce que cette félicité est le résultat de l'absence de pensées et qu'elle n'est que transitoire. Ce n'est donc qu'un petit aperçu, un flash de la félicité suprême qui Elle, est permanente.

***14/** En quoi la voie de la dévotion peut-elle aider le chercheur ? L'adoration d'un Dieu ou d'une personne extérieure à soi n'est-elle pas contradictoire avec l'introspection et la compréhension de la non-dualité ?*

R - Tant que nous pensons être un corps particulier, une forme déterminée, il n'y a aucun mal à adorer DIEU et à être donc un dévot. Disons même que c'est une voie semée d'expériences sensibles, remplies d'Amour, de Joie et de Paix et qui laissent dans notre cœur des marques que rien ne pourra remplacer, du point de vue humain. Il n'existe rien de plus terrible pour un chercheur que d'être "tiède", c'est-à-dire, uniquement cérébral, un intellectuel qui ne serait qu'une "boîte à raisonnements", aussi beaux soient-ils.

L'Âme est comme un instrument de musique, il faut donc la faire vibrer afin qu'elle s'anime, danse, sorte de l'apathie dans laquelle elle se complaît trop facilement. La méditation, les prières, les cultes, les dévotions etc... sont autant de moyens pour accorder l'instrument. À nous ensuite de savoir à quoi nous voulons l'accorder... Et puis, il suffit de lire, par exemple "Carnets de Pèlerinage" de Swami RAMDAS pour comprendre l'utilité de la dévotion dans la recherche spirituelle.

D'autre part, une personne est toujours "extérieure" à soi puisque tout le monde est persuadé d'être une personne. Dans l'Absolu, il n'y a ni extérieur ni intérieur ni personne. Tout ce qui est objet d'expérience n'est en fait que conceptuel. Comme tout concept, la dévotion a un côté positif et bien sûr un côté négatif. Le "piège" de la dévotion, c'est évidemment d'en rester là, et c'est ce qui se passe la plupart du temps... Sauf pour celui qui garde, en lui, un sens critique qui n'accepte jamais la facilité intellectuelle. Celui qui cherche avec toute son énergie et qui désire plus que tout au monde "trouver" finira par comprendre qu'il existe de multiples voies, de très nombreuses méthodes et qu'en définitive, il faut arriver à une "non-voie".

***15/** Maharaj dit souvent à ceux qui viennent l'écouter qu'un certain type de réceptivité est nécessaire à la compréhension véritable de ses paroles, il parle souvent d'"aperception". Quels sont les moyens qui permettent d'atteindre ce type de réceptivité ? Comment la réception des paroles d'un Maître peut elle se faire si celles-ci doivent être a-perçues (=non perçues) ?*

R - Il ne faut surtout pas se compliquer la vie au cours d'une recherche spirituelle... Les mots n'expriment pas toujours et même rarement ce qu'il convient d'entendre. Disons tout simplement que seule l'expérience, la pratique régulière, quotidienne, de l'introspection nous amènera à une compréhension intuitive et toute intérieure de ce que l'on lit ou entend au sujet de cette Vérité que nous cherchons. L'intellect a son rôle à jouer, mais avec la pratique, la compréhension intellectuelle, le raisonnement feront place à un état différent dans lequel les choses "arrivent". L'intellect qui par nature "veut" comprendre, "veut" toujours, progressivement n'a plus besoin de vouloir parce que la compréhension se fait toute seule de même que les nuages s'éloignent dans le ciel et disparaissent lentement, faisant place à un ciel d'azur, sans que l'on ait eu à faire quoi que ce soit.

***16/** Comment se crée l'identification de la conscience au complexe corps-mental ? Une fois la naissance de cette identification connue, n'est-il pas possible d'effectuer le processus inverse, c'est-à-dire de se désidentifier de la même manière ? Une question reste alors, la conscience individuelle peut-elle être consciente du début de l'"attachement" ?*

R - L'absolu qui est non manifesté, non duel, se manifeste en créant l'espace et le temps ; ce processus entraîne la dualité et donc l'apparition d'une forme : il y a alors ce que l'on nomme "naissance". Mais de quelle naissance s'agit-il ? Non pas de l'Absolu qui existait déjà, mais de la forme particulière qu'il a prise. Il en est ainsi de toute vie dans le monde manifesté et donc des êtres humains. C'est tout simple et pourtant, la sensation d'être une personne, c'est-à-dire, en fait, une forme déterminée, particulière, est très forte ! Mais là encore, il ne s'agit que d'une impression, et cette impression n'est pas permanente puisqu'elle n'existe plus dans le sommeil profond. Ce qui n'est pas permanent n'a aucun intérêt dans notre recherche puisque nous recherchons la Vérité. Cette Vérité doit être permanente et la permanence est notre vraie nature.

Pour ce qui concerne la personne - l'ensemble corps-mental - l'expérimentation de la naissance n'existe pas. Le début de l'identification à une forme déterminée est la sensation "je Suis". "Je suis" est une expérience qui ne peut être appréhendée que dans la dualité. Bien que ce ne soit pas compréhensible, ce que l'on nomme conscience est relatif au monde manifesté et à l'expérience que l'on en a. Or, l'expérience ne peut concerner que l'état de dualité donc de l'individu, de la personne, puisque pour qu'une expérience soit possible, il faut obligatoirement l'expérimentateur et la chose expérimentée. C'est pourquoi il faut essayer de "comprendre", mais c'est intellectuellement impossible, que ce que l'on appelle "Absolu" ne peut jamais faire l'objet d'une expérience, quelle qu'elle soit. C'est aussi pour cette raison que peu de chercheurs vont jusqu'au bout du chemin, tant l'homme est attaché aux concepts que l'expérience est tout. En réalité, l'expérience est très importante tant qu'elle est nécessaire, mais vient un temps où même cela doit être dépassé.

***17A/** Lors de nos activités quotidiennes, nous sommes harcelés par un flot de pensées et celui-ci semble continu, désordonné et souvent incontrôlable. Existe-t-il un moyen, non pas de stopper toute pensée car ceci s'avère quasiment impossible à faire, mais au moins de juguler ce torrent qui emporte tout sur son passage, ou alors de l'orienter dans une direction donnée qui puisse être bénéfique à la recherche spirituelle ?*

R - Qui est harcelé ? En allant à la source des pensées, celles-ci disparaîtront peu à peu, c'est une certitude. Il existe pour cela une multitude de méthodes dont les principales sont la méditation et la vigilance de chaque instant. En observant régulièrement les pensées, nous comprendrons le fonctionnement du mental.

La maîtrise du mental est possible. L'ego peut "disparaître" parce qu'il n'est qu'une ombre du Soi et qu'il n'a pas d'existence propre. Tant que nous lui donnons de la nourriture (les pensées) il continuera à nous faire croire qu'il est notre nature. Mais, lorsqu'il est privé d'alimentation, il s'efface et le Soleil (le Soi) peut briller de toute sa splendeur. L'ego est un imposteur et les pensées représentent sa forme.

Quant à orienter le mental, bien sûr, non seulement c'est à recommander, mais c'est absolument indispensable et surtout au début, après il sera habitué. De même qu'un homme amoureux ne pense qu'à sa bien-aimée, celui qui est en quête d'Absolu ne pense qu'à son objectif et la comparaison est loin d'être excessive. Ce n'est qu'à ce prix, le prix d'une passion qui dévaste tout sur son passage, que le but peut être atteint !

Il est absolument impossible d'envisager de "trouver la Vérité" sans être totalement consacré à sa recherche et cette recherche ne peut être qu'une passion dévorante, un feu qui nous consume, nous brûle, nous emporte comme une avalanche emporte tout sur son passage. En fait, il faut être totalement fou. Mais dans ce monde complètement insensé, où les hommes sont passionnés à l'excès par des quantités d'activités passagères qui, c'est une certitude, les rendent plus esclaves que libres, quelle est la meilleure folie ?

***17B/** Comment faire pour aller au-delà des soucis quotidiens de la vie, professionnelle ou familiale, afin de mieux se concentrer sur la recherche spirituelle ?*

R - La vie individuelle se déroule dans le monde et, dans ce monde qui n'existe qu'en ta Présence, les événements se succèdent sans cesse et s'arrêtent chaque soir avec le sommeil profond.

Que ces événements soient agréables ou désagréables, au-delà des joies ou des souffrancesqu'ils nous procurent, seul le Témoin de tout cela est permanent et donc Réel.

Quoi que nous pensions de cette succession de peurs, d'inquiétudes, de souffrances et autres impressions, les événements se produiront tout simplement parce qu'ils sont le fruit de la Manifestation. L'individu n'a aucune emprise sur ces événements.

Nous ne pouvons pas changer les événements, mais nous avons la possibilité de modifier la Conscience que nous en avons et c'est cela qui est le plus important : je ne suis pas et ne serai jamais Ce qui arrive, mais toujours et en permanence Celui à qui tout arrive. Tout ce qui existe n'existe qu'en fonction de la Conscience qu'on en a.

***18/** Est-il nécessaire de faire des efforts pour réaliser l'Être absolu ? La notion d'effort n'est-elle pas contradictoire avec la spontanéité et l'inaction qui sembleraient être plus indiquées à l'accomplissement d'une recherche ? Mais d'autre part, une recherche sans efforts est-elle possible ?*

R - On ne peut pas réaliser l'Être Absolu pour la simple raison que l'on est déjà cet Être Absolu et que l'Absolu n'est pas expérimentable. L'Être est notre nature véritable. Ce que l'on pense être n'est qu'une surimpression provisoire provoquée par la sensation "je suis", dans le sens "je suis une entité particulière".

Par contre, les efforts sont indispensables pour réaliser que nous ne sommes pas un individu avec une forme déterminée. Les efforts de chaque instant sont nécessaires pour que cesse cette identification provoquée par la dualité "spectateur-spectacle". Il faut beaucoup d'efforts (et le terme est très faible), pour que l'illusion prenne fin et qu'enfin nous comprenions définitivement que nous ne pouvons pas être ce que nous voyons...

Plus que dans toute autre recherche, la quête spirituelle est synonyme d'efforts. Mais comprenons encore clairement que pour Être, aucun effort n'est nécessaire, mais comme nous sommes persuadés du contraire, faisons beaucoup d'efforts pour le comprendre ! C'est pourquoi il est très important de bien définir ce que nous recherchons réellement. Avant toute chose, que cherchons-nous ? Il faut au moins que le But de notre recherche soit bien clair.

Du point de vue de l'Absolu, il est certain que Ce que nous cherchons, c'est Nous. Partant de cette certitude, toute recherche de Soi est absurde. Est-ce qu'une personne, assise sur une chaise, entreprend des recherches pour la trouver ? N'est-ce pas étrange ? Et pourtant, dans la recherche spirituelle c'est exactement ce que nous faisons... Si nous pouvions comprendre cela...

19/ *Dans la mesure où la non-dualité n'est pas compréhensible en dehors de l'expérience directe, comment savoir si nos actions favorisent une situation ou un état propice à la réalisation du Soi ? Est-il possible de le savoir ? Y a-t-il seulement une influence quelconque de nos actions à ce sujet ?*

R - L'expérience n'étant possible qu'en présence de l'expérimentateur, comprenons bien qu'il n'existe jamais une expérience de la non-dualité. Mais en fait on ne peut pas réellement le comprendre. Comme le Soi est toujours et en permanence "réalisé", c'est plutôt lorsque les actions cessent que nous sommes dans un "état" propice à la perception intuitive de ce que nous sommes en réalité. Mais, là encore les mots sont insuffisants pour comprendre, parce que dans ce que l'on appelle la "non-dualité", les actions n'existent pas puisqu'il n'y a pas d'acteur. Où sont donc passées les actions durant le sommeil profond ? Et le corps, et le monde ? On compare très souvent la réalisation au sommeil profond. C'est justement à cause de l'absence d'expérience que cette comparaison peut être faite. Le Soi est au-delà de l'expérience, mais il permet que celle-ci soit possible. Quant à "l'influence de nos actions"... Que pouvons-nous changer au déroulement de notre vie ? Toutes ces questions ne concernent en fait que l'individu, donc l'ensemble "corps-mental". Ce que l'on appelle la recherche du Soi pose comme condition, au départ, de supposer très sérieusement que nous ne sommes justement pas cette forme que nous percevons et il ne faut jamais l'oublier ! Qui est concerné par les actions et qui peut être influencé par elles ?

***20/** Lorsque nous nous sentons découragés ou faisons preuve de relâchement dans notre recherche, les encouragements ou les "reprises en main" nous viennent du monde qui nous entoure, indépendamment de notre volonté, pour la réveiller. Quelle est l'origine de ces manifestations extérieures ? Qu'est-ce que la volonté ?*

R - Cette question est mal formulée. Comment des encouragements pourraient-ils "venir" du monde "qui nous entoure" ? Le monde existe-t-il de lui même, est-ce qu'il nous parle ? Cela n'a aucun sens. D'autre part, les manifestations sont toujours extérieures puisqu'elles ne concernent que le monde perçu par nos sens. Ce que l'on pourrait appeler des encouragements, ce sont simplement des éclairs de conscience du Soi qui Lui, est toujours présent. Le Soi est permanent et n'a besoin de rien pour Être, mais comme nous l'oublions pratiquement toujours, disons que le souvenir de notre Nature réelle est interprété de manières différentes avec des noms et des formes multiples. De même, la "recherche spirituelle" est par elle-même impossible, mais comme il faut des mots pour désigner chaque chose, admettons ! Mais le mot "RECHERCHE" qui signifie chercher à nouveau, suppose donc que nous avons déjà cherché... Alors prenons ce mot à la lettre, il vient du latin *circare* qui veut dire "parcourir" ; c'est mieux ainsi parce que parcourir "notre vie", c'est suivre, visiter, dans toute son étendue ou dans tous les sens ce qu'est réellement cette vie. À présent, le mot "recherche" trouve son véritable sens.

Quant à la volonté... C'est l'action de vouloir et c'est bien là le propre de l'homme ! L'homme veut en permanence et souvent même, il exige ! Pour ce qui concerne la quête du Soi, la volonté est totalement illusoire et il est préférable de remplacer ce mot par "Passion" ou "désir intense" ou encore "nostalgie de notre nature réelle".

***21/** Plutôt que de formuler des questions, je trouve plus profitable de me concentrer sur la conscience d'être. Une telle attitude est-elle efficace, ou la formulation de questions est-elle absolument nécessaire ?*

R - Ce qui est nécessaire, c'est justement d'arriver au point où il n'y aura plus de questions, mais de façon naturelle, sans effort particulier, tout simplement parce que les réponses à nos différentes interrogations auront été assimilées. Jusqu'à ce jour, il est "profitable" de formuler des questions, mais surtout essentiel de bien Entendre les réponses...

Quant à la "conscience d'Être", il n'est pas nécessaire de se concentrer pour Être. C'est pratiquement le contraire qui est vrai ! C'est lorsque la concentration, c'est-à-dire l'effort, cesse que l'être Est ce qu'Il Est. Être tout simplement, sans mots pour le dire...

***22/** Le japa est-il autre chose qu'une technique pour calmer le mental ? Se concentrer sur autre chose peut-il avoir le même effet ?*

R - Au cours de cette recherche spirituelle que nous entreprenons avec une passion sans mesure et avec la ferme conviction de parvenir au But, différentes pratiques sont utilisées et toutes, ont une utilité à partir du moment où nous en avons besoin. Lorsque nous avons épuisé une technique, elle n'a dès lors, pas plus d'intérêt qu'une voiture sans roues... N'oublions jamais que cette fameuse recherche est comme un chemin et que nos besoins changent tout au long du parcours. Un nouveau-né ne peut pas marcher et c'est pourtant le même qui plus tard sera capable de courir. Il en est de même du cheminement spirituel.

23/ Est-ce que seule compte l'intensité de la recherche, ou est-ce que les moyens de la recherche ont aussi leur importance ?

R - L'intensité fournira les moyens. Seul le But que l'on s'est fixé est important, les moyens sont secondaires. Il n'y a que dans les religions qu'une importance exagérée est donnée aux moyens, mais à trop s'attarder sur les moyens, on en oublie le But... Alors n'ayons pas peur d'insister encore, seule la Passion sans mesure, la conviction que l'échec est impossible et une intense nostalgie de cette sensation d'éternité que nous ressentons au fond de nous, pour peu que l'on y prête attention, nous mèneront au But.

24/ J'ai très souvent l'impression de vivre dans le monde comme un acteur dans une pièce de théâtre. Je trouve cela bénéfique car dans cet état je me sens très serein. Faut-il entretenir cela, ou cela peut-il être un obstacle à la recherche ?

R - Cette impression représente la réalité concernant la manifestation du Soi dans un individu et il suffirait de passer de la simple impression à l'expérience permanente pour "réaliser" ce que l'on est réellement. Mais il ne faut surtout pas rechercher cette expérience passagère pour ressentir une sérénité illusoire puisqu'elle n'est que sensorielle, mais plutôt parce qu'elle est un éclair de ce qu'est réellement l'individu, c'est-à-dire un dispositif psychosomatique qui n'a aucune emprise sur les événements qui arrivent quoi que l'on en pense. D'autre part, entretenir ces impressions reviendrait à s'y complaire, il faut donc aller au-delà en se demandant, lorsque cette expérience survient : "Qui expérimente ces impressions ?" Il n'y a aucun obstacle à la recherche si ce n'est cette forte et tenace "impression" d'être une personne déterminée qui pense agir dans un monde illusoire. Où se trouvent cette même personne, ces mêmes actions et ce même monde lorsque nous dormons profondément ?

25/ La réalisation du Soi signifie-t-elle la disparition de l'ego, ou simplement la conscience de ne pas être l'ego ?

R - Il existe une multitude d'exemples pour faire comprendre ce qu'est réellement cette fameuse réalisation... Parmi eux, il y a celui que tous les adeptes de l'*Advaïta Vedanta* (la non-dualité) connaissent : cette reine qui pendant des jours cherche son collier de perles et qui est désespérée de l'avoir perdu car il représente une immense fortune. Elle cherche partout, elle veut absolument le retrouver, oubliant même de manger et de dormir. Puis, un jour, un serviteur ne comprenant pas son inquiétude et lui ayant demandé ce qu'elle recherche, lui fait remarquer que ce collier est autour de son cou... La reine se rend alors compte de son erreur et exulte de joie d'avoir enfin retrouvé ce collier. Voilà ce qu'est la recherche spirituelle : retrouver ce qui a toujours été là, n'est-ce pas incroyable ? La reine a toujours eu ce collier autour de son cou et pourtant, elle était persuadée de l'avoir perdu et en était très malheureuse. Il en est ainsi du chercheur spirituel : un beau jour, il sera fou de bonheur d'avoir retrouvé ce qu'il a toujours été !

26/ Qu'est-ce l'Amour dans la recherche spirituelle ?

R - Tant que nous n'aurons pas réalisé notre vraie nature, nous ne comprendrons pas ce qu'est réellement ce que l'on appelle "l'Amour".

L'homme parle beaucoup de l'amour et depuis bien longtemps. Que de livres écrits, que de discours... "Tu aimeras ton prochain comme toi-même", ce commandement, ou tout simplement ce conseil de Jésus est bien connu, mais mal compris... Que n'a-t-on pas dit au sujet de l'Amour ? Ce fameux Amour est un peu comme la politique, très passionnant en théorie, mais pratiquement inexistant dans les faits. Car dans la vie quotidienne, où est cet Amour ? Et comment se porte le monde malgré cet amour ? De plus en plus mal ! Alors que faut-il en conclure ? L'Amour n'est possible que dans la dualité et il est aussi réel que l'individu dans le monde. L'Amour, c'est uniquement un besoin vital de vivre et c'est la nature de toute vie manifestée qui représente en fait l'Amour du Soi. Mais l'impression d'être ce que l'on voit et donc de confondre le spectateur avec le spectacle, fait que l'on s'identifie à tort à une forme particulière et c'est cette forme que l'on Aime par dessus tout !

***27/** "À force de harceler le mental, de le forcer à se plier à notre volonté, à force d'efforts répétés pour devenir maître des sens, nous deviendrons libres..." Qu'entend-on exactement par "maîtriser ses sens" ?*

R - C'est vrai que cette "maîtrise" est indispensable et tous les ascètes du monde ont montré que cette voie était efficace. Maîtriser les sens, c'est simplement aller au-delà des impressions sensorielles. Aller au-delà des impressions sensorielles c'est prendre conscience que toute expérience ne peut être que sensorielle et qu'elle n'existe que dans la dualité. Notre vraie nature ne peut jamais faire l'objet d'une expérience particulière et c'est justement lorsque l'expérience prend fin que l'on Est tout simplement. Malgré tout, l'homme est la plupart du temps esclave de ses sens et il est préférable d'inverser le processus…

28/ Il me semble que la volonté se manifeste à travers le mental. Lorsque le mental cesse son activité, il n'y a donc plus de volonté ?

Le libre-arbitre est-il une "illusion nécessaire" ?

R - La volonté est une impression et cette impression est totalement illusoire. Mais qui est prêt à admettre cette éventualité ? Quelle est l'activité du mental dans le sommeil ? Où se trouve la volonté quand nous dormons profondément ? Quelle expérience a-t-on du "libre-arbitre" ? Tout cela n'a aucun sens pour celui qui cherche sa véritable nature et qui ne doit tenir pour vrai que ce qu'il expérimente directement et non par ouï-dire. D'autre part, peut-on dire que l'illusion est nécessaire ou qu'elle ne l'est pas ? Ce qui est certain, c'est qu'elle est inévitable pendant un certain temps. Mais l'essentiel est de "comprendre" Qui est concerné par ce que l'on appelle le "libre-arbitre"...

29/ Quel est le rapport d'un "Être réalisé" à la souffrance physique ? Peut-elle avoir une quelconque emprise sur lui et si oui, le fait de savoir que l'on n'est pas ce corps permet-il de moins appréhender la douleur ?

R - Comme l'expression l'indique clairement, la souffrance est justement physique. On peut même aller encore plus loin en disant que la douleur concerne le corps et que la souffrance est mentale et résulte de la peur de la douleur et de ses conséquences. Le problème est toujours le même, on parle d'un Être réalisé, mais on persiste à l'identifier à un corps physique ! Bien sûr qu'un corps ressent la douleur, mais ce n'est pas le corps qui est réalisé... On a réalisé que l'on n'était pas ce corps, c'est différent ! Par contre celui qui sait qu'il n'est pas ce corps physique ne peut plus appréhender quoi que ce soit et donc, entre autres choses, la douleur. Mais ce genre de question n'est pas utile au chercheur spirituel, que peut-elle lui apporter ?

Il est préférable d'essayer de comprendre le mieux possible ce qu'est réellement cette réalisation : Qui réalise quoi ?

***30/** Il est souvent dit que pour que le chercheur atteigne son But, la présence d'un GURU est indispensable. Celui-ci lui accorde alors une initiation ainsi qu'une Upadesha (direction). En quoi consiste cette initiation ? Quelle est alors la direction à suivre ?*

R - On dit souvent n'importe quoi et la spiritualité n'échappe malheureusement pas à la règle... Le But, c'est le Soi, c'est-à-dire notre vraie Nature et cette vérité c'est simplement le fait d'Être. L'Être existe en permanence et il est de ce fait toujours présent. Le *Guru* ne peut donc rien donner de nouveau. Comme tout est déjà là mais que le chercheur ne le voit pas, ne le comprend pas encore, le rôle du *Guru* va dans l'autre sens. Il montre au chercheur ce qu'il n'est pas et il aide celui-ci à se débarrasser de tout ce qui encombre la claire perception de ce qu'il Est réellement. C'est tout ! Mais c'est beaucoup pour celui qui veut vraiment entendre... Pour résumer cette question, nous redirons ce qui a été dit dans une précédente réponse : si notre désir d'atteindre le But est grand, si notre Passion ne laisse aucune place à d'autres passions secondaires, ne nous inquiétons jamais des directions que nous prendrons parce que, de toutes façons, elles seront inévitables et nous conduiront au But ultime.

***31/** Sri RAMANA MAHARSHI assigne au "cœur spirituel" une localisation bien précise dans le corps humain, c'est-à-dire dans la poitrine, à droite du milieu. Quelle est la nature exacte de ce cœur spirituel ? En quoi sa localisation peut-elle être utile au chercheur ?*

R - Les paroles des sages s'adaptent toujours à la personne qui pose la question et tiennent compte inévitablement de la réponse que cette personne est capable d'accepter pour son évolution spirituelle. Si la personne a encore besoin de localiser DIEU, ou le Soi, ou dans cet exemple, le "cœur spirituel", on peut toujours aider le chercheur en indiquant un endroit. Ramana, en donnant une localisation bien précise pour le "cœur spirituel" ne faisait que confirmer certains textes védantiques que la personne avait certainement lus. Il est simple de comprendre que ce qui peut être localisé ne concerne que la forme. Ce que l'on appelle le "cœur spirituel", c'est simplement le Soi. Mais tant que l'homme demeure identifié à son corps physique, il comprend mieux avec des exemples formels.

En de multiples autres occasions, Ramana a dit très clairement que vouloir localiser le Soi avait autant de réalité que de se prendre pour un corps particulier.

32/ Comment peut-on expliquer le changement qui se produit souvent, au fond de nous lors d'une rencontre avec un Être Réalisé ?

R - Le *Darshan* est l'instant privilégié par excellence, mais l'européen a beaucoup de mal à le comprendre et c'est bien dommage. Plus que toute instruction verbale, bien plus que toutes les pratiques spirituelles et que toutes les lectures les plus merveilleuses, être en présence d'un Être réalisé, c'est en fait Être en présence de Soi-même donc tout simplement, c'est ÊTRE. Le jour où nous comprendrons cela, tout sera "vu" différemment et nous comprendrons enfin ce qu'est le But de notre recherche. Mais combien sont prêts à accepter ces paroles ? Il faut avoir renoncé totalement à soi, c'est-à-dire à sa personnalité, pour bien entendre de telles affirmations et seul un chercheur faisant preuve d'une Passion totale et d'une détermination inconditionnelle, aura l'humilité nécessaire. Car, regardons cette démarche objectivement : l'homme, même spirituel, et essentiellement dans la culture judéo-chrétienne, a énormément de mal à considérer qu'un autre puisse en "savoir" plus que lui. C'est le propre de l'être humain et il faudra l'admettre pour avancer sur le chemin. Il faut absolument comprendre qu'un être "Libéré" comme le terme l'indique clairement, est libre, totalement libéré de tout sentiment de discrimination et qu'il ne peut jamais rechercher ni la gloire, ni la louange, pas plus d'ailleurs que des disciples ; soyons-en totalement convaincus et tout ira beaucoup mieux. Essayons également de comprendre, mais ce n'est pas évident, que nos critères de jugement, de comparaison pour tenter de savoir si tel être est ou non réalisé, seront toujours faussés par l'idée que nous nous faisons de la "réalisation", sachant également que nos impressions, aussi grandes soient-elles, ne seront toujours que des "impressions".

L'Être réalisé n'a rien à prouver, rien à attendre du monde et lorsqu'il parle du cheminement spirituel, c'est uniquement pour témoigner. Il sait également, et de façon définitive, qu'il n'a absolument rien "réalisé" de particulier qu'un autre n'aurait pas. Mais les hommes qui s'accrochent à la dualité ne peuvent avoir qu'une compréhension dualiste de cette libération, et comment pourrait-il en être autrement ? Pour "comprendre" l'état d'un être réalisé, il faut être réalisé soi-même, il n'existe pas d'autre moyen. En attendant ce jour, mettons tout en œuvre pour y parvenir : cherchons de toutes nos forces et jusqu'à épuisement s'il le faut ; lisons, prions, méditons à en perdre haleine, abandonnons-nous totalement à notre désir intense de parvenir au But ultime et peu à peu nos doutes feront place à une intuition qui ne trompe pas. Alors viendra le jour où notre sens critique sera plus profond, mieux aiguisé et la confiance grandira.

Le disciple est toujours très exigeant, il juge, dose, compare et la plupart du temps sur des bases très approximatives. L'être réalisé ne juge pas. Témoin de l'Absolu qu'il sait Être en permanence, il n'est qu'un simple miroir pour celui qui a soif de cet Absolu. Il sait, sans aucun doute possible, que celui à qui il parle n'est en rien différent de lui-même. Et c'est justement dans cette parfaite non-dualité que ce que l'on peut nommer la "Présence" agit comme un révélateur. Comprenons bien que seul le SOI est réel et qu'il n'existe rien en dehors de Lui ; alors l'essentiel du chemin sera accompli.

Alors pour revenir à la question, que se passe-t-il durant le *Darshan* ? Et bien, Il ne se passe justement rien, dans le sens "expérimentation habituelle", c'est-à-dire, dans la dualité, et c'est cela qui permet une "perception" consciente beaucoup plus intense du Soi.

Il est essentiel de comprendre ce qu'est réellement le *Darshan* et cette compréhension ne peut être qu'intuitive. Durant le *Darshan*, abandonnons tout raisonnement, toute intellectualisation : efforçons nous simplement d'être présent. Si nous pouvions Entendre correctement ce conseil... Et puis, après le *Darshan*, nous analyserons ce qui a été entendu, nous raisonnerons, nous méditerons, nous accepterons ce qui nous semble intéressant et nous rejetterons ce qui ne nous convient pas... Tout cela est bien normal et c'est ça le chemin spirituel, la *Sadhâna* !

Il est courant de dire que très peu de chercheurs parviennent à la Libération. Mais la seule raison de ce petit nombre réside dans le fait que très peu ont réellement le désir intense d'aller jusqu'au bout. La plupart du temps, on se contente d'"expériences" parce que l'on ne veut pas se rendre compte que ces fameuses expériences ne sont que des impressions ressenties par les sens. Tout ce qui est sensoriel ne peut durer et de ce fait, une expérience, aussi merveilleuse qu'elle puisse paraître, est toujours provisoire.

L'étape suivante ne peut être que la non-dualité.

33/ À quoi reconnaît-on un Être réalisé ?

R - Il n'y a pas pire aveugle que celui qui ne veut pas voir ! Cela veut dire qu'un chercheur sérieux, c'est-à-dire ultra-passionné, avide de vérité, animé du désir brûlant de parvenir au But ultime - et lui seul - sera capable de reconnaître ce qu'en fait il recherche ardemment.

Il serait temps de comprendre que ce que l'on appelle "réalisation" ou "libération" concerne le Soi et non la personne. L'être réalise qu'il n'est pas cette personne qu'il a cru être si longtemps. L'être est libéré de l'illusion de n'être qu'une personne physique. Comment cette "prise de conscience" pourrait-elle modifier en quoi que ce soit l'aspect physique habituel de l'être réalisé ? Il n'y a pas de label de qualité affiché sur un être réalisé et il se passe souvent le contraire, mais là encore, il faut savoir regarder avec les "yeux" de l'âme, au-delà des apparences. Dans la plupart des cas, l'aspect physique d'un Libéré se dégrade et il n'offre à ceux qui ne voient pas au-delà des formes, rien qui puisse attirer les regards. Par delà les fameuses apparences, l'être réalisé est l'Unique Soi et donc la totalité de ce qui existe et il n'y a rien d'autre.

34/ Mais pourtant on parle souvent de la grâce du Guru, de l'aide indispensable qu'il donne et comme on l'a vu, des bienfaits du Darshan ?

R - Le *Guru* ne donne rien au disciple, du moins, rien de visible, rien de perceptible au moyen des sens physiques. Mais, ce qui est certain, c'est que le fait de "reconnaître" son maître, de sentir intuitivement qu'il a réalisé ce que nous recherchons encore, c'est cela la grâce. Si nous passons notre temps à attendre, du haut de nos conceptions de ce que nous semble être la réalisation, qu'un signe indiscutable s'offre à nos yeux, alors attendons ! C'est bien le contraire qui est vrai. Oui, cette grâce est le résultat d'une vie de lutte, de prières, de méditations, de doutes, d'interrogations, de malaises, d'états d'âme très pénibles.

Et c'est au moment où tout semble impossible, lorsque après avoir tout tenté, tout mis en œuvre, au prix parfois très élevé de sa santé, oui, c'est à ce moment-là seulement que tombe le mur. Ce mur est le mur des pensées et des concepts qui, las d'être attaqué, maltraité, secoué dans tous les sens, rend les armes, il cède enfin. Et l'ombre fait place à la Lumière. L'ombre, c'est l'ego et la Lumière c'est le Soi.

35/ L'être réalisé qui est totalement libéré de l'individualité, qui connaît d'expérience sa nature réelle, n'est plus identifié à son corps de même qu'au monde qui l'entoure. Participe-t-il encore aux événements de chaque jour ? Quelle vision a-t-il du monde et des hommes ? Que représente, pour lui, la mort physique ? Est-il impatient de quitter son corps physique ? Éprouve-t-il de l'amour pour tous les hommes ? Est-il totalement insensible aux malheurs du monde ? Se réjouit-il des événements heureux qui arrivent autour de lui et dans le monde en général ?

R - Réaliser sa vraie nature, c'est prendre conscience que l'on n'est pas une forme déterminée. À partir de là, l'identification avec cette personne physique que l'on a cru être pendant si longtemps, cesse et ne peut plus revenir. Toutes les questions qui sont posées ne concernent pas l'être réalisé, mais l'individu, la personne, que les autres continuent de percevoir et malgré tout d'identifier à l'être réalisé. Pourquoi ne pas essayer d'imaginer que celui qui est libéré n'est plus un corps, mais que ce corps fonctionne encore, malgré tout ? Mais, pour résumer un peu et répondre tout de même à ces questions, disons que l'être réalisé a une vision unifiée de l'ensemble de la manifestation, sans échelle de valeurs. Pour l'être réalisé, seul le Soi est réel, tout le reste est vu comme une surimpression passagère, comme un rêve est une surimpression dans le sommeil. L'être réalisé n'est pas concerné par la mort physique pas plus d'ailleurs que par la naissance puisque naissance et mort ne concernent que le corps. Le corps a besoin de la vie pour exister, mais la vie n'a pas besoin de corps pour être : ainsi en est-il du Soi.

Comment pourrait-il être impatient de quitter son corps puisque cet abandon a déjà été réalisé une fois pour toutes ? Amours, bonheurs, malheurs, événements heureux... Tant que le corps fonctionne, tout cela est perçu bien sûr, mais c'est le mode de fonctionnement qui est différent. Celui qui est encore identifié à l'ensemble corps-mental qu'il pense être est persuadé qu'il agit, qu'il peut changer les choses, qu'il a une action quelconque sur les événements, etc... L'être réalisé sait que l'individu est totalement vécu et que cette personne n'est qu'une des multiples formes qu'emprunte la vie pour se manifester. La différence est énorme et seule la réalisation nous le fera comprendre.

***36/** Le rêve correspond-il à un état où le mental vagabonde de pensée en pensée comme dans l'état de veille ? Dans ce cas le rêve est-il néfaste pour le chercheur en quête du Soi ? La "réalisation" est-elle accompagnée d'une disparition de l'état de rêve ?*

R - C'est toujours la même confusion. Être libéré, c'est ne plus être identifié à l'ensemble "corps-mental" ni à aucune forme particulière : c'est être en totalité, libéré de la personne. Donc, la réalisation n'est accompagnée de rien ! L'état de rêve, comme les différents états, concerne l'individu et les sens qui perçoivent ces états. L'individu continue à fonctionner comme auparavant, il joue le rôle qui lui a été attribué à sa naissance par le metteur en scène et donc, il mange, boit, dort, rêve éventuellement et, selon les apparences, semble se comporter comme avant.

Le rêve n'est pas plus néfaste pour le chercheur que ne l'est l'état dit "de veille". L'important est justement de bien se rendre compte que l'un comme l'autre ne sont que des états.

***37/** Comment la méditation sur l'image (forme physique) du Guru (ou d'une Divinité) permet-elle de comprendre la nature véritable de ce Guru ? Comment cette compréhension peut-elle mener à la reconnaissance de la nature véritable de celui qui médite ?*

R - Ce genre de méditation est essentiellement pratiquée par les dévots. Pour ceux qui recherchent le Soi, c'est-à-dire leur vraie nature, l'introspection est le chemin le plus simple et le plus direct. D'autre part, la véritable nature du *Guru* c'est le Soi et cette nature sera connue en même temps que sera découverte notre nature réelle, pas avant. Comprendre la nature du *Guru* correspond donc à réaliser le SOI.

***38/** Est-il préférable de méditer sur l'image du Guru ou alors sur le "Moi", c'est-à-dire celui qui est témoin des pensées ?*

R - Méditons pour trouver un calme favorable à l'introspection qui suivra cet instant privilégié afin d'aller peu à peu à la source d'où jaillissent les pensées et d'où tout concept s'élance. Si nous parvenons à la source, les pensées disparaîtront d'elles-mêmes.

***39/** "La quête du Soi permet :*
- de découvrir son esprit immortel,
- de se fondre dans l'être plus vaste qu'est son Âme,
- la dissolution de l'individu dans l'Atman c'est-à-dire l'un sans second."

Dans ces trois expressions, quelle différence y a-t-il entre esprit, âme et atman ? Les deux premiers n'ont-ils pas une connotation plus "individuelle"

R - Toutes ces expressions sont utilisées différemment, selon la culture, les religions ou systèmes philosophiques et n'ont pas toujours la même signification. Pour nous, le SOI est notre nature réelle, éternelle et non manifestée qui prend le nom de Moi lorsqu'elle se manifeste. Le Moi, c'est l'ego ou l'âme qui anime le corps physique.

40/ *Lorsqu'on est à la recherche de sa véritable nature, ne risque-t-on pas de s'identifier à une entité individuelle telle que l'âme plutôt que de reconnaître la non-dualité de toute chose ? Comment faire pour éviter ce piège?*

R - Il n'existe aucun piège pour celui qui veut réellement connaître sa vraie nature.

41/ *Lors du passage de l'état de veille à l'état de sommeil, juste à la limite entre ces deux états, surviennent parfois des "accès de joie" dont on a pleinement conscience. Quelle est la nature de ces "accès" ? Comment se fait-il qu'ils apparaissent à cet instant précis ?*

R - Un état succède à un autre état. Que cette transition se passe dans la joie ou non, cela ne présente aucun intérêt.

42/ *L'investigation du SOI est-elle supérieure à la méditation pour parvenir au But ultime ?*

R - Il a déjà été répondu à cette question de nombreuses fois... Citons un verset d'Ulladu Nârpadu Anubandham, un des poèmes de Ramana MAHARSHI, qui traite de la nature de la Réalité. Ce verset dit :

"L'état suprême, objet d'éloge, que l'on peut atteindre ici-même, en cette vie, par la claire investigation du Soi qui s'élève dans le Cœur quand on bénéficie de la compagnie d'un Être réalisé (*jñâni*), ne saurait être atteint ni en écoutant des prédicateurs, ni par l'étude et la connaissance des écritures, ni par des actions vertueuses, ni par un quelconque autre moyen."

Le sens de ces paroles est très clair et il est à prendre à la lettre. Lisez et relisez ce verset et comprenez !

43/ Pourquoi Swami POONJAJI insiste-t-il autant sur le fait qu'il n'y a absolument rien à faire, sinon à rester tranquille ? Il dit également: "pas de recherche, pas de guru, pas d'enseignement". Et cependant, il donnait le Darshan presque tous les jours et a affirmé que la rencontre avec un Être réalisé était indispensable.

R - Cela semble contradictoire, mais ça ne l'est pas. Il est indispensable de bien faire comprendre au chercheur que pour "Être" le SOI, il n'y a rien à faire de particulier. Le fait d'être est simple et naturel et personne ne peut douter un seul instant qu'il existe. Comme ce que tout le monde cherche en le nommant de différents noms est le SOI et que c'est notre véritable nature, c'est dans ce sens qu'il n'y a rien à trouver de nouveau, rien à découvrir que nous ne sommes déjà et donc pas d'efforts à faire. Connaître le SOI, c'est Être le SOI. Il est impossible de connaître le SOI, parce que la connaissance est intellectuelle et donc mentale. Tout ce qui est connu n'est pas le SOI, de même que toute expérience est mentale et donc conceptuelle.

Si cela est bien enregistré, allons plus loin. Donc, nous venons de le redire une fois de plus, le SOI est déjà présent, nous sommes, en ce moment même, le SOI. Il ne peut donc faire l'objet ni d'une recherche ni d'une quelconque découverte. Et c'est dans ce sens que l'on peut affirmer qu'il n'y a rien à faire sinon rester tranquille, c'est-à-dire Être simplement.

Pas de recherche, pas de *Guru*, pas d'enseignement. Nous l'avons compris, ceci concerne le SOI, notre véritable nature. Cette compréhension doit être très forte, par la pratique elle deviendra une forte conviction. Cela est indispensable et essentiel puisque cette conviction est la seule qui doit rester à la fin de notre cheminement pour ensuite disparaître à son tour. Soyons convaincus que nous sommes réellement le SOI, ici et maintenant. À chaque instant, nous expérimentons le SOI et c'est cela le paradoxe puisque toute recherche du SOI, alors que nous le sommes déjà, va nous conduire partout sauf là où Il est en permanence... La difficulté réside essentiellement dans l'illusion de la recherche de quelque chose de nouveau, d'inconnu. Encore une fois, comprenons bien ce que cela signifie et le chemin sera court.

Par contre, tout ce qui vient d'être dit est juste vu depuis le SOI et c'est l'état de l'être réalisé. Mais, pour celui qui est encore identifié à l'ensemble corps-mental, il existe bien une recherche, un *Guru* et un enseignement :

RECHERCHE : oui, mais de ce que nous ne sommes pas (étant admis au départ que nous sommes le SOI).

GURU : celui qui a accompli la traversée et qui, connaissant le chemin, peut nous guider dans la compréhension erronée que nous avons de notre nature réelle.

ENSEIGNEMENT : montrer le faux comme faux pour enfin être ce que nous sommes réellement, le SOI. L'enseignement essentiel étant : “Vous n'êtes pas votre corps, découvrez ce que vous êtes réellement !”

***44/** Pourquoi tous les Gurus affirment-ils que le monde n'est pas réel, que le corps n'est pas réel, qu'il n'y a pas “d'autres”, et qu'en fait tout ce qui est perçu n'a aucune réalité ?*

R - L'Être réalisé voit l'existence dans un tout que l'on nomme Unité. On ne peut pas réellement comprendre cet état parce que le mental qui est l'outil de notre compréhension n'a jamais et n'aura jamais l'expérience du SOI. De ce fait il ne peut être question de compréhension lorsque l'on parle du SOI. Et cela, nous devons absolument le comprendre avant d'aller plus loin.

RAMANA MAHARSHI expliquait très bien ce qu'est la réalité en disant : "Ce qui n'est pas permanent ne vaut pas la peine que l'on se donne tant de mal." "Ce qui apparaît et disparaît n'est pas réel." La réalité est donc ce qui ne change pas, ce qui est stable, permanent, éternel. Partant de cette certitude, si l'on élimine tout ce qui est impermanent, il ne restera plus que la vie consciente, le simple fait d'être qui est toujours présent, dans les trois états, veille, rêve et sommeil profond. Le fait d'être, sans identification particulière, est le Soi et il n'y a rien d'autre de permanent.

On peut donc en déduire une méthode très efficace et qui, de plus, est la seule directe : si l'on observe attentivement notre existence en tant que cet ensemble corps-mental ainsi que le monde dans lequel nous vivons et qu'ensuite, consciencieusement et avec détermination, nous éliminons un par un tout ce qui n'est pas permanent, la recherche sera terminée. Ce n'est pas plus difficile que cela. Alors, pourquoi ne pas le faire ici et maintenant ? Là aussi, la réponse est simple : parce que nous sommes toujours attachés à ces fameuses tendances mentales que nous croyons indispensables alors qu'en fait nous en sommes simplement esclaves.

La vie individuelle, c'est-à-dire de l'ensemble corps-mental que chacun est bien persuadé d'être, n'est qu'une succession d'impressions dans le mental. Toute expérience est sensorielle et dépend entièrement de l'expérimentateur. Ces impressions mentales ne sont jamais permanentes puisqu'elles cessent au cours du sommeil profond. C'est Celui qui expérimente qui est toujours présent et donc permanent et c'est Cela que nous devons découvrir. Si l'individualité avec ses cinq sens, si DIEU, si le monde et l'ensemble de ce qui est perçu à l'état de veille sont réels, ils devraient être également perçus durant le sommeil profond.

Ce qui est réel n'apparaît ni ne disparaît : la réalité Est en permanence et Cela, Je le suis.

45/ *Lorsque l'on bénéficie de l'aide d'un GURU, celui-ci n'a de cesse de nous répéter la Vérité, c'est-à-dire que nous ne sommes pas le corps-mental, mais que nous sommes déjà le SOI. Pourquoi cette Vérité ne nous apparaît-elle pas alors comme évidente ? Quels sont les obstacles qui nous empêchent de voir cette Vérité, même si le GURU met le doigt dessus constamment ?*

R - Tout simplement parce que La Vérité ne peut pas "apparaître". En effet, si cette vérité apparaissait, cela supposerait qu'elle disparaisse également. Ce qui apparaît et disparaît n'est pas permanent : cela ne peut donc être le SOI. Lorsque l'on entend une telle affirmation on se dit que c'est évident. Pourtant, on l'oublie bien vite parce qu'en fait il n'est pas possible à l'intellect de "comprendre" ce qui le dépasse.

D'autre part, à qui cette vérité que nous sommes le Soi, n'apparaît-elle pas comme évidente ? Au mental, c'est-à-dire à l'ego, et donc à l'individu. Le SOI ne peut douter de lui-même et il est donc toujours évident et expérimenté en permanence, nous sommes toujours le SOI. Mais, comme nous sommes actuellement identifiés à une conscience particulière réduite à une personne bien définie, nous croyons, à tort, ne pas expérimenter pleinement le SOI. En fait, ne pas "voir" que nous ne sommes que le SOI, c'est comme une petite bulle dans l'océan qui prétendrait qu'elle existe toute seule, sans la présence de cette gigantesque étendue d'eau... L'océan est la réalité et la petite bulle n'est qu'une excroissance bien éphémère : l'océan, c'est le SOI et la petite bulle est l'ego.

De plus, rappelons-nous à chaque instant de notre investigation que le SOI ne résulte pas d'une prise de conscience quelconque. Lorsqu'il y a prise de conscience, c'est de ce que nous ne sommes pas en permanence. Le SOI ne peut faire l'objet d'aucune expérience particulière et il n'est pas quelque chose de nouveau qu'il faille découvrir. Partant de cette forte conviction, nous comprendrons mieux que, bien que nous soyons persuadés au plus profond de nous-mêmes d'être le SOI, cela ne sera jamais évident comme le fait de se coincer le doigt dans une porte. La douleur ressentie au doigt est une expérience sensorielle et sera donc évidente. La conviction, même très forte d'être le SOI n'est pas une expérience sensorielle - bien qu'elle soit à la base de toute expérience - et dans ce cas, il ne peut être question d'évidence. Comprenons bien la différence car elle est essentielle.

Pour conclure, on peut dire que cette vérité d'être uniquement le SOI sera évidente le jour où nous serons cette Vérité, parce que ce jour-là il n'y aura plus personne pour poser une telle question. Le SOI est la Vérité, il est l'Évidence même, mais uniquement évidence d'Être et non pas d'être quelque chose.

Quant aux obstacles qui nous empêchent de voir cette Vérité que nous sommes le SOI, ce sont toujours les mêmes et nous venons d'en parler. Le plus gros obstacle est bien sûr de croire à tort que quelque chose pourrait nous empêcher d'Être. Je Suis, cela est le Soi et personne ne doute d'exister. Je suis telle personne, cela est l'ego, ce n'est pas permanent et ce qui n'est pas permanent n'est pas réel.

Nous ne pourrons jamais "comprendre" le SOI, c'est-à-dire ce que nous sommes. Par contre, nous pouvons très facilement, par l'introspection intérieure, comprendre ce que nous ne sommes pas ou encore, ce que nous ne sommes que par intermittence. Il faut donc procéder par élimination, à l'exemple de RAMANA : Suis-je ce corps ? Suis-je ces cinq sens ? Suis-je le mental ? etc... Si nous procédons ainsi avec une forte conviction, à la fin, il ne restera que notre nature véritable, le SOI. Soyons-en bien convaincus et pour le reste, il n'y a rien à faire de particulier.

***46/** ANNAMALAI SWAMI dit : "Si vous voulez la pleine félicité du SOI, vous devez renoncer à tous vos désirs et attachements". Faut-il même renoncer au désir d'une recherche spirituelle ainsi qu'à l'attachement au GURU ? Sont-ils eux aussi des obstacles à la reconnaissance de notre véritable nature ?*

R - La seule pensée qu'il puisse exister des obstacles à la réalisation du SOI est à elle seule le plus gros obstacle. Si le SOI était éloigné, il y aurait un chemin nous permettant de l'atteindre et sur ce chemin, nous pourrions rencontrer de nombreux obstacles comme dans la vie de chaque jour. Mais comme le SOI se trouve là où nous sommes, et que nous n'avons donc aucun chemin à parcourir, où pourrait-il y avoir des obstacles ?

Pour être le SOI, il n'y a rien à faire de particulier puisque nous sommes déjà le SOI. Et c'est en ce sens que l'on dit qu'il n'y a pas besoin de recherche. Mais puisque, pour le moment, nous pensons être un individu particulier, dans un corps, dans le monde et qui, de plus, agit, travaille, est attaché à une famille, à des pensées particulières etc... il convient de rechercher pourquoi, bien que nous soyons convaincus au plus profond de nous-mêmes de ne pas être que cela, nous continuons à nous complaire dans ce rôle qui s'achève inévitablement par la mort de l'individu.

C'est là que réside le problème : pourquoi persistons-nous à nous identifier à notre corps, sachant qu'il ne peut rien nous apporter de durable ? La question n'est donc pas de savoir comment être le SOI. Ce genre de question peut être posée par un débutant. Mais lorsque l'on ressent fortement que nous sommes certainement autre chose qu'un simple corps, la question essentielle est la suivante : si je ne suis pas cet ensemble corps-mental, QUI SUIS-JE ?

La recherche est indispensable, l'introspection est nécessaire puisqu'elle nous conduit à nous poser cette question essentielle sur notre véritable nature : Qui suis-je réellement ? Mais comprenons bien que cette fameuse recherche concerne l'individu et qu'elle se fait avec l'aide du mental. Nous ne pouvons donc pas rechercher le SOI, ni donc Le trouver : qui pourrait bien Le trouver ? Mais cette recherche va consister à examiner tout ce qui, à priori, nous fait croire que nous sommes autre chose que le SOI. C'est en fait une longue enquête qui procède par élimination. Lorsque nous aurons éliminé tout ce que nous ne sommes pas (l'impermanent), il ne restera plus que ce qui est permanent : le SOI, l'Être simplement, pure présence, existence infinie que le mental ne pourra jamais "comprendre".

Les attachements sont le résultat d'impressions laissées dans le mental par le plaisir et la souffrance et concernent l'individu. Si l'on cherche sérieusement l'origine de l'attachement, on constatera à la fin qu'en fait, c'est à nous-même que nous sommes attachés et donc tout simplement à la Vie. L'attachement est le résultat des peurs que nous accumulons par nos habitudes mentales, la plus grosse peur étant la peur de ne plus être que l'on appelle la mort. Au lieu de renoncer à nos attachements, comprenons ce qu'ils signifient, quelle est leur origine et enfin qui est concerné par ces attachements. Ne peut être attaché que celui qui est lié. Je suis le SOI et le SOI est libre. L'individu ne peut être libre et restera toujours esclave des attachements des sens. Libérons-nous une fois pour toute de l'identification erronée à l'individu que nous ne sommes que par intermittence et les attachements disparaîtront comme ils disparaissent au moins une fois par jour, au cours du sommeil profond !

Quant à l'attachement au *GURU*... c'est un peu différent. On ne peut pas parler d'attachement si l'on comprend bien que le *GURU*, l'être réalisé, n'est pas un corps. Si le disciple n'a pas encore compris que lorsqu'il parle avec le *GURU*, il n'a pas, en face de lui, un individu, mais l'unique SOI qu'il est également, l'attachement peut effectivement exister. Avec le temps, la confiance et la persévérance, tout s'arrangera. Et même s'il y a attachement, il est certain que celui-ci n'est pas mauvais et qu'il cessera de lui-même en temps voulu...

***47/** Au cours de l'auto-investigation quotidienne, comment peut-on faire la différence entre :*

- d'une part la pensée : "Je suis le Soi", qui ne reste qu'une pensée provenant de l'ego,
- d'autre part la conscience véritable d'être le Soi?

R - Cette question est La question primordiale et elle n'est pas posée très souvent... La seule réponse possible à cette question est la réalisation ! En effet, pour faire une différence, comme il est dit dans cette question, entre d'une part la pensée : "Je suis le Soi" et d'autre part "la conscience véritable d'être le Soi" il faut qu'il existe une entité pour laquelle les différences sont possibles. C'est l'ego qui soulève de tels problèmes et qui perçoit des différences et c'est bien normal. La dualité "spectateur-spectacle" résulte de l'identification au corps qui se produit chaque matin, au réveil : Je... dans mon corps... dans le monde. Avant le réveil, où se trouvaient les différences ? Où se trouvait ce corps que nous sommes persuadés d'être à présent ? Où se trouvait ce monde à qui nous donnons tant d'importance au réveil ?

Mais essayons d'aller plus loin. La conscience individuelle est toujours conscience... de quelque chose. Quand il s'agit du SOI, il ne peut être question de conscience dans le sens habituel parce que le SOI ne peut pas être conscient de quelque chose. Pour reprendre les termes exacts de la question : "la conscience véritable d'être le SOI" c'est être le SOI. Être conscient d'être le SOI n'est pas possible parce qu'il faudrait alors qu'il y ait deux SOI, le premier étant conscient du deuxième... Mais rassurons-nous tout de même car, bien que cela semble contradictoire, il n'existe pas d'autre moyen d'investigation. La recherche est mentale et comment pourrait-il en être autrement ? Tant qu'il y a identification au corps, c'est-à-dire à l'individu, il existe bien quelqu'un qui cherche quelque chose et qui pense que ce qu'il cherche est différent de lui-même. Lorsqu'il aura trouvé ce qu'il cherche et seulement à ce moment, il comprendra que Lui seul existe et qu'il n'y a rien en dehors de Lui. Tout ce que l'on peut comprendre est du domaine mental et n'est donc pas permanent, mais le Témoin de cette compréhension est réel et permanent et nous sommes ce Témoin !

C'est vrai, se dire "je suis le SOI" n'est qu'une pensée provenant de l'ego, mais les pensées n'ont pas toutes la même valeur ! Pour celui qui cherche sa véritable nature il est préférable d'avoir cette pensée très fortement ancrée en lui, à chaque instant, plutôt que de penser, comme le font - par exemple - les chrétiens : “je suis perdu, je dois être sauvé, je suis un pauvre pécheur...”. La pensée “Je suis le SOI” est indispensable parce qu’elle représente La Vérité.

La pensée : “Je Suis le SOI” est la seule qui corresponde à notre nature véritable. Si nous sommes réellement déterminés dans notre recherche et que de toutes les innombrables pensées qui se présentent à nous depuis tant d’années, il ne reste un jour que cette pensée-là, elle deviendra pratiquement impersonnelle et informulée et c’est elle qui s’imposera à nous pour ensuite disparaître et se fondre dans le SOI.

48/ *Au cours de la journée, l’auto-investigation, c’est-à-dire la concentration sur le Soi, ne dure qu’un certain temps. En effet, au bout d’un moment, suite à un court instant d’inattention, le mental reprend le dessus et avec lui son flot de pensées. Quel est le meilleur moyen d’être concentré en permanence sur le Soi ?*

R - En étant Le SOI uniquement... C’est vrai, la concentration ne dure qu’un temps. Mais existe-t-il quelque chose de permanent pour le mental ? Non : dans le mental, les pensées - qui ne sont que des impressions passagères - vont et viennent sans cesse, mais ne sont jamais stables. Par nature, le mental ne peut demeurer longtemps concentré et d’autant plus sur “le Soi” car il ne peut lui donner une forme. C’est pour cette raison que l’auto-investigation ne peut jamais être permanente. Seul le SOI est permanent. Ce qui apparaît et disparaît n’est pas permanent, mais Celui qui est témoin de cette impermanence, qui constate cela, est le SOI. Mais en fait, qui recherche, qui se concentre, qui manque d’attention, qui a des pensées ? Qui a conscience de ces phénomènes ? Le mental, ou conscience personnelle ! Suis-je cette conscience personnelle ? Non, parce que cette conscience personnelle n'est pas permanente, elle est présente dans les états de veille et de rêve, mais elle est absente dans le sommeil profond.

Alors le meilleur moyen d'être concentré en permanence sur le Soi, c'est de comprendre que ce n'est pas possible ! "Je suis le SOI en permanence" est La Vérité. Le Soi n'est pas un objet sur lequel nous pourrions nous concentrer et c'est important de le comprendre. Cultivons l'attitude TÉMOIN, simplement être présent à soi-même, c'est tout et c'est si simple ! La concentration peut certes nous aider, mais l'essentiel est de réaliser non pas qui est concentré, parce que cela est bien compris, mais QUI permet que cela soit possible ?

49/ *L'ego est-il présent lors de la phase de sommeil profond ?*

Si oui, est-ce lui qui nous permet de dire au réveil : "j'ai" dormi ?

Si non, comment se fait-il qu'il réapparaisse dans les phases de rêve et d'éveil alors qu'il avait disparu dans la phase de sommeil profond ?

R - Non, l'ego n'est pas présent lors du sommeil profond. Pourquoi l'ego réapparaît-il, que ce soit dans l'état de veille ou l'état de rêve ? Parce que c'est sa nature d'apparaître et de disparaître... Seul Le SOI n'apparaît ni ne disparaît : Il Est tout simplement.

Au cours du sommeil profond, l'ego est absent, réabsorbé dans le SOI. On dit couramment qu'il est en sommeil. Mais peu importent les termes, ce qui est certain c'est qu'il n'est pas actif et c'est pour cette raison qu'il ne peut se souvenir de l'état de sommeil profond puisqu'il ne l'expérimente jamais. La mémoire est un processus du mental et le mental n'étant pas présent, il ne peut donc pas y avoir souvenir.

Par contre, pour affirmer, au réveil : “j'ai bien dormi” il fallait bien qu'une certaine conscience, informelle certes, ait été présente et cette “conscience informelle“ est le SOI. Là où rien n'est expérimenté, parce que le processus d'expérimentation - l'ego - est inactif, là se trouve le SOI et Je suis CELA en permanence, au-delà du temps, au-delà des formes et au-delà de tout concept.

***50/** Comment se fait-il qu'il existe des périodes où le mental est très actif et empêche quasiment toute recherche et d'autres où cette recherche est plus aisée ? Quelle attitude faut-il avoir vis-à-vis du mental lorsque sa force empêche toute auto-investigation ?*

R - Parce que ces périodes n'existent que dans le mental. Pour le SOI, c'est-à-dire notre nature réelle il n'existe ni périodes d'activité, ni périodes de non-activité, il n'y a rien en dehors du SOI et dans le SOI, il ne se passe jamais rien. Toutes les expériences qui ont lieu au cours d'une journée sont en fait des impressions qui se heurtent à notre mental. Le seul problème, c'est que nous sommes persuadés que ces impressions nous sont destinées et c'est pourquoi nous en prenons livraison.

Le mental a la force que nous voulons bien lui donner. Remettons-le simplement à sa simple petite place de figurant très provisoire, petite ombre du SOI, impermanent, turbulent, inconstant, etc... et il nous perturbera de moins en moins. Citons encore et encore ce merveilleux conseil de RAMANA et entendons-le comme il faut : “Si l'on observe d'où surgit la notion “JE”, le mental est absorbé en CELA”... Observer, c'est être simplement TÉMOIN. Témoin de quoi ? d'Être ! Seul le SOI existe et le plus merveilleux et c'est un comble : l'ego le sait parfaitement ! Mais le seul moyen dont dispose l'ego pour continuer d'exister séparément, c'est de simuler l'ignorance. C'est pour cette raison que le chercheur doit observer, aussi souvent qu'il le peut, d'où lui vient cette sensation extrêmement forte d'exister, parce que cette sensation d'Être ne peut, en aucun cas, venir de l'ego ! Quand la nature de l'ego sera comprise, l'ego disparaîtra pour toujours.

***51/** Comment peut-on savoir si l'auto-investigation est menée de façon correcte ? Existe-t-il des moyens pour le chercheur de se rendre compte qu'il est bien sur la bonne voie ?*

R - En allant jusqu'au bout ! Mais le chemin que l'on suit est toujours le bon chemin. Quelle que soit la manière de procéder l'investigation sur notre véritable nature, ce qui est entrepris nous conduira au But ultime. Oui, il y a quelques repères qui nous encouragent au cours de notre recherche, telles la Paix intérieure, la foi dans ce qui est entrepris, la confiance grandissante dans notre conviction que la réalisation est possible. Mais essentiellement une détermination de plus en plus forte qui, telle une tornade, écarte tous les obstacles sur son passage. Rien ne résiste à la détermination.

Mais pourquoi douter, à présent, d'être sur la “bonne voie” ? Les livres parlent souvent de la grâce, cette fameuse grâce ! On a tout dit sur la grâce, mais surtout n'importe quoi... Ce qu'il faut bien comprendre, c'est que la confiance est indispensable. Alors bien sûr, confiance en quoi ? Mais tout d'abord en soi-même, confiance dans le But que nous voulons plus que tout atteindre, et puis confiance en ceux qui, avant nous, ont réalisé cette vérité que nous souhaitons tant découvrir !

Qu'est-ce donc que la grâce ? C'est par exemple ressentir, au plus profond de notre être une réserve latente de Bonheur inexprimé mais très puissant au point de parfois nous submerger totalement, faisant disparaître toute pensée, toute formulation, tout concept, toute individualité et pourtant nous permettant, aussi court que soit cet instant, d'être réellement heureux alors même que les sens sont absents !

Mais le degré ultime de cette grâce arrive, lorsque, par exemple - et quel exemple ! - nous entendons parler d'un Être d'exception comme RAMANA MAHARSHI... Si l'on pouvait comprendre cela... Mais, en fait, comprendre réellement RAMANA MAHARSHI, c'est réaliser le SOI. En attendant ce jour, il faut tout de même insister sur l'importance de la rencontre avec un tel Être, parce que cette rencontre est La Rencontre ! Il n'y a plus rien après, il n'y a rien au dessus ! N'hésitons pas à lire, à relire, puis à méditer, puis à expérimenter les paroles de RAMANA et alors nous ne pourrons plus douter que nous sommes sur la bonne voie ! Comment, alors que nous connaissons RAMANA, que nous avons goûté ses paroles si puissantes, si essentielles, si vraies en résumé ; alors que nous sommes persuadés qu'il dit vrai et qu'il parle bien de ce qu'il vit réellement, comment peut-on encore douter d'être sur la bonne voie ?

Nous avons le droit de douter au cours de notre recherche, il ne faut jamais accepter systématiquement ce que l'on entend, mais lorsque l'on se trouve en face de la Réalité, et que cette Réalité, manifestée par exemple en RAMANA, est évidente, comment peut-on encore douter et se demander si l'on est sur la bonne voie ? Le chercheur sérieux, avide de trouver, animé d'une ardeur à tout rompre et qui a vu RAMANA, même un court instant, sur une simple cassette vidéo, a Vu la Vérité manifestée dans ce corps fatigué, tordu, tout fragile, mais si naturel, si simple, si translucide : et au-delà de cette forme, une PRÉSENCE tellement évidente, tellement rayonnante, tellement libre, qu'elle nous subjugue, qu'elle nous appelle, qu'elle nous dit tout simplement, dans un langage subtil informulé : Je suis le Soi que tu cherches depuis si longtemps, sans même le savoir. Tu es toi aussi Cela !

***52/** Pendant les périodes d'auto-investigation, lorsque le mental est bien calme, il m'arrive, pendant un bref instant, de perdre toute notion d'espace et de temps et d'être envahi par un immense bien-être. D'où provient cette béatitude ? Quelle est sa signification ? Pourquoi ne dure-t-elle qu'un bref instant ?*

R - Tout ce qui arrive ne peut pas durer, cela ne peut être qu'impermanent. Tout état, toute expérience, toute impression aussi agréable soit-elle, est sensorielle ; de même qu'elle est arrivée, elle repartira inévitablement comme l'ego apparaît au réveil et disparaît dans le sommeil profond. La béatitude, comme toute réelle expérience de Bonheur qui envahit tout notre être au point de nous faire perdre toute notion d'espace et de temps, vient du SOI et de Lui uniquement. La béatitude nous rappelle notre véritable nature et nous incite à La retrouver. N'oublions jamais que, bien qu'une expérience soit sensorielle, elle ne peut exister que parce que le SOI en est la base permanente. Tout ce qui existe est le SOI et donc son expression.

***53/** Lorsque l'on se questionne au plus profond de soi-même sur l'origine des pensées, la réponse la plus souvent obtenue est : "de nulle part", ou "elles apparaissent simplement". La source des pensées ne nous apparaît pas comme très bien définie. Cette constatation suffit-elle à démontrer l'inexistence de l'ego ? Quelle est ensuite la prochaine étape qui permet de prendre conscience du SOI ?*

R - C'est vrai, la source d'où proviennent les pensées ne nous apparaît pas comme très bien définie... parce que le processus par lequel nous essayons de trouver cette source est mental et que le mental, ou ensemble des pensées, ne peut se trouver lui-même. L'important est : qui pose cette question ? Et puisque les pensées alimentent le mental qui lui-même n'a aucune existence sans les pensées (comme dans le sommeil profond) reconnaissons une fois pour toutes que ce n'est pas le mental qui est à la base de notre recherche et des questions qui s'imposent à nous : c'est le SOI ! La Base de tout ce qui existe est le SOI et nous sommes Cela en permanence, que le mental soit ou non présent. En fait, rappelons-nous que la source de tout ce qui existe est le SOI et uniquement le SOI. Effectivement, constater que la source d'où surgissent les pensées est quelque chose de totalement impalpable, de totalement flou et en résumé d'inexpérimentable parce qu'en fait c'est bien cela : oui, cette constatation est la vérité en ce qui concerne l'ego ou mental.

Cette remarque est très importante et il faut y repenser souvent : la source d'où s'élèvent les pensées, comme il est dit dans cette question, "ne nous apparaît pas comme très bien définie" représente bien l'expérience que l'on a de cette recherche qui est en réalité impossible... L'origine des pensées - ou source - n'est pas bien définie tout simplement parce qu'elle n'existe pas réellement. Donc, la seule expérience possible à ce sujet est tout simplement le fait d'en prendre conscience. Et prendre conscience que c'est une impasse est en réalité l'expérience indispensable à faire.

Comme l'a dit très souvent RAMANA : "si l'on observe d'où surgit la notion "JE" (ce qui revient au même que chercher la source...), le mental est absorbé en CELA". Et CELA est le SOI. Ce n'est pas facile pour un débutant, mais pour un chercheur sérieux et réellement déterminé, peu à peu, cette observation attentive et passionnée de la source d'où surgissent les pensées, laissera la place à une sensation d'immensité. Et le petit "je" du départ, le "je" de l'individu, disparaîtra devant l'unique SOI, comme une poupée de sel qui, rentrant lentement dans l'océan, se dissout totalement et n'existe plus en tant qu'entité particulière, mais en tant qu'Océan. Il en est exactement de même pour l'ego qui recherche le SOI... Si les efforts sont continus et bien dirigés, l'ego finira par se dissoudre dans le SOI parce qu'il n'y a pas d'autre solution. L'ego n'a absolument pas le choix : ou bien il continue d'être alimenté par nos pensées et alors il vit et agit en patron ; ou bien nous essayons de démasquer l'usurpateur en le traquant continuellement et tout naturellement, il rendra les armes parce qu'il ne pourra pas lutter indéfiniment. Son existence dépend uniquement de la réalité que nous voulons bien lui accorder. Si nous prenons conscience qu'il n'est que l'ombre bien éphémère du SOI, il disparaîtra définitivement.

Et il n'y a bien sûr pas de prochaine étape puisque trouver la Source, c'est réaliser le SOI. Cette question est donc bien La question essentielle. C'est à partir du SOI que surgit l'univers tout entier et c'est en Lui qu'il disparaît chaque soir dans le sommeil profond. Ce qui apparaît puis disparaît, n'est pas permanent et ce qui n'est pas permanent ne peut nous donner Le Bonheur. Alors à quoi bon s'accrocher à une ombre ? Observons cette source d'où surgissent les pensées, observons le Témoin, celui qui se pose de telles questions et inévitablement, un jour, il ne restera que l'unique SOI.

54/ *"Tout ce qui n'est pas permanent ne vaut pas la peine de se donner tant de mal..." Cette affirmation de RAMANA MAHARSHI signifie-t-elle que rien ne devrait avoir de l'importance à nos yeux, excepté le SOI, ou au contraire que nous devrions attacher de l'importance à tout en tant que manifestation du SOI ?*

R - En fait, les deux réponses peuvent être données. Cela dépend de quel point de vue on se place. Si l'on considère l'individu uniquement, c'est-à-dire l'être humain : tout est important. Inutile d'ajouter “en tant que manifestation du SOI” car en fait, cela ne veut pas dire grand chose.

La réponse que donne RAMANA a sans aucun doute été faite à un chercheur sérieux, prêt à entendre une réponse qui représente malgré tout la réalité. C'est RAMANA qui affirme que ce qui n'est pas permanent ne vaut pas la peine de se donner tant de mal. Ce n'est pas un homme politique, ni un commerçant, ni un homme d'affaires, non, c'est un être réalisé. Donc la réponse qu'il donne est faite du point du vue d'un Être qui n'est plus identifié avec le principe corps-mental. Ce n'est pas le point de vue d'un individu, ni un avis quelconque, c'est La Réalité expérimentée en permanence, la Réalité du SOI. Cette affirmation n'est pas interprétable, elle dit bien ce qu'elle veut dire, seulement rappelons-nous qu'elle ne relève pas d'une expérience sensorielle et donc du mental. La poupée de sel qui rentre dans l'océan et se dissout instantanément reste consciente d'Être, mais pas d'être une poupée de sel puisque cette poupée a totalement disparu, mais d'Être en tant qu'océan... Comment à présent pourrait-elle attacher de l'importance à cette forme de poupée de sel qu'elle eût jadis ? Cet exemple nous fait comprendre facilement que ce que l'on trouve aujourd'hui “important”, demain risque fort de nous faire sourire...

***55/** La prise de conscience de notre véritable nature n'est-elle réellement qu'une question de volonté ? Cela signifie-t-il que tous les chercheurs pourraient réaliser ce qu'ils sont réellement en le désirant de tout leur cœur ? Pour ceux qui n'y arrivent pas, leur volonté n'est-elle pas assez forte, ou est-il possible qu'elle ne soit pas dirigée dans le bon sens ?*

R - C'est en réalisant que l'on n'est pas cet ensemble

"corps-mental" que l'on sera ce que l'on est déjà à présent : le SOI, stable, éternel, source de tout Bonheur et avec tous les qualificatifs dont parlent tous les livres... Cette prise de conscience est-elle le résultat d'un acte de volonté ? Si cela veut dire que c'est volontairement que nous recherchons ce que nous sommes : alors Oui, mais cette réponse nous fait-elle progresser d'une quelconque façon ?

Toutefois, puisque tous les Êtres réalisés insistent tant sur les termes : "ferme détermination", "intense désir", "forte passion" et bien d'autres encore, ce n'est certainement pas par hasard ! Faisons-leur confiance parce qu'ils savent de quoi ils parlent. Ce n'est peut-être pas la volonté qui est le plus important, mais l'intense nostalgie du Bonheur, mais d'un Bonheur durable. Et comme rien n'est permanent sinon la sensation d'Être, on finira obligatoirement par "trouver" le SOI. Ajoutons, pour aller dans le sens de la question, qu'il faut effectivement être plus que déterminé, plus que passionné. Seuls les excessifs arriveront au But.

C'est également vrai que la "volonté" de trouver sa nature réelle peut ne pas être dirigée dans le bon sens. Mais c'est bien normal car il faut passer par bien des épreuves, bien des voies, bien des souffrances pour accéder enfin à La voie, la toute dernière, celle dont l'issue est nous-même. Donc, en fait, la voie prise actuellement est toujours la bonne en ce sens que dans l'instant où nous la suivons, c'est qu'elle nous est destinée. Il n'y a donc en réalité pas de mauvaise voie mais tout au plus, des voies qui elles aussi finiront toutes comme la poupée de sel dans l'océan...

***56/** Pourquoi est-il si facile d'être profondément absorbé dans ses pensées et au contraire si difficile d'être absorbé dans le SOI alors que celui-ci est notre état naturel ?*

R - Parce qu'il est totalement impossible d'être absorbé dans le SOI ! Mais ce qui est possible et souhaitable, c'est de ne plus être absorbé par les pensées. Mais traduisons absorbé par identifié. C'est parce que l'on est identifié à l'ensemble corps-mental et donc aux pensées que l'on confond l'ÊTRE qui est le support, avec le paraître qui n'est qu'une impression mentale. D'autre part, le SOI n'est pas "notre" état naturel : Il est L'État Naturel, comprenons bien la différence parce qu'elle est essentielle. Il est l'État Naturel seul, Il est tout ce qui Est et l'intellect n'est pas capable de le comprendre. Ce que nous devons absolument comprendre (et cela est facile avec une forte détermination) c'est que ce que nous prenons pour la réalité en ce qui nous concerne, à savoir un individu, dans un corps, dans le monde, avec des pensées, des peurs, des désirs, des besoins etc... n'est qu'un concept qui apparaît chaque matin, au réveil, et disparaît chaque soir, dans le sommeil. Il n'y a rien d'autre à comprendre. La recherche spirituelle n'est un long cheminement que parce que nous pensons, à tort, que c'est un cheminement. Si, dès à présent, nous nous demandons avec fermeté et conviction, qui parcourt ce chemin, nous ne trouverons personne sinon un concept. Une fois l'image effacée, il ne restera plus que l'Écran.

***57/** Dans "Ellam Onru" (Tout est Un), il est dit que si on suppose que les trois états (veille, rêve et sommeil profond) forment ensemble un long rêve, notre véritable nature représente le réveil mettant fin à ce rêve. Comment le rêveur, qui s'identifie totalement à son "long rêve", peut-il se rendre compte qu'il est en fait celui qui dort ? En d'autres termes, comment le rêveur, étant au sein de son rêve, peut-il s'en extirper pour pouvoir enfin se réveiller ?*

R - En se posant justement ce genre de questions !

Ce que l'on appelle "la recherche spirituelle" est un processus mental et relève uniquement de l'intellect. Tout ce que l'on dit sur les trois états, veille, rêve et sommeil profond, représente un très bon exemple pour faire comprendre que pour expérimenter ces différents états, il faut bien que quelqu'un ou quelque chose soit présent en permanence. Seul quelque chose de permanent peut constater l'impermanence d'autre chose. Ce qui est permanent est le Témoin et c'est le SOI. Ce qui est impermanent est mental et s'exprime par des expériences sensorielles qui, comme leur nom l'indique, ne peuvent exister que par l'intermédiaire des sens. Alors une question se pose : sommes-nous nos sens ? Ou sommes-nous Celui qui constate qu'une telle question puisse se poser ? Si nous étions nos sens, où serions-nous pendant le sommeil profond, là où il n'y a justement pas de "sens-ations" ?

Comprenons également, pour la dernière partie de la question, que nous n'expérimentons jamais le fait de nous endormir pas plus que le fait de se réveiller, cela se produit lorsque la dualité "spectateur-spectacle" disparaît ou apparaît. Il n'y a alors plus d'expériences puisque pour qu'une expérience soit possible, il faut obligatoirement être deux : celui qui expérimente et la chose expérimentée. Cela n'est donc possible que dans la dualité.

L'instant précis du réveil n'est en réalité pas perceptible si l'on observe attentivement cet instant. Ce que nous prenons pour le réveil arrive quelque temps après et il s'agit plus exactement du processus perpétuel de l'identification au corps, puis à tout ce qui nous entoure : Je, dans un corps, dans le monde...

***58/** Pourquoi la réceptivité à la grâce du GURU varie-t-elle selon les périodes ? Est-ce que le fait d'être moins réceptif à cette grâce peut être due à une hyperactivité du mental ? Que faut-il faire pour augmenter cette réceptivité ?*

R - Pourquoi ne fait-il pas toujours beau ? Le soleil brille en permanence et pourtant nous ne le voyons pas toujours parce qu'il y a souvent des nuages ou tout simplement la nuit. De même, ce que l'on appelle la grâce du *Guru* n'est pas quelque chose qui arrive et qui repart, cela est présent en permanence.

Tout ce qui est expérimenté est sensoriel et dans ce domaine, rien n'est stable, cela change tout le temps. Cette réceptivité n'est en fait que notre attention à Ce qui Est. CELA Est en permanence, mais parfois, nous l'oublions, tout simplement. Le simple fait de s'en souvenir avec intensité nous ramène au SOI et bien sûr, nous avons l'impression que Cela est revenu. C'est vrai au point de vue des sensations que nous en avons, mais c'est faux pour ce qui concerne le SOI qui Lui est stable. Il ne va ni ne vient, Il Est.

***59/** Il est souvent rappelé que la recherche du SOI n'est pas une question de temps puisque l'on est déjà, ici et maintenant, ce que l'on cherche. Mais il me semble que seul le temps peut, avec la pratique spirituelle, détruire nos fausses identifications, nos vâsanas, et atteindre ce que l'on nomme une maturité spirituelle. En effet, je sais que je ne suis pas ce corps et que ma véritable nature est Pure Conscience ; cependant, le temps est nécessaire afin de me détacher progressivement de mes fausses identifications. Ainsi, l'intensité de la recherche et le temps seraient les deux facteurs à prendre en compte dans la recherche du SOI.*

En est-il autrement ? Le Samâdhi est-il possible si de telles tendances subsistent ?

R - Oublions pour le moment le *Samâdhi*. Être le SOI n'est pas une question de temps, mais Le rechercher demande obligatoirement du temps puisque cette recherche, qui suppose que l'on ne L'a pas encore trouvé, a un commencement (l'idée qu'il faut rechercher le SOI), une durée (la recherche par elle-même : la *sadhâna*) et une fin (la libération ou réalisation). Toute recherche n'est possible que dans la dualité et le propre de la dualité c'est d'exister grâce justement à "l'espace-temps".

Tout n'est que concept et la dualité réside uniquement dans le fait que nous pensons être un individu, un ensemble corps-mental. Cette idée serait vraie si elle était permanente, mais elle ne l'est pas puisqu'elle ne résiste pas au sommeil profond.

Abordons à présent un point très important à comprendre. Lorsque tu dis, dans la question posée : "je sais que je ne suis pas ce corps et que ma véritable nature est pure conscience". De quel savoir s'agit-il en fait ? Quelle est cette connaissance dont tu parles ? Car en fait, si vraiment tu sais que tu n'es pas le corps et si tu sais également que tu es pure conscience : alors tout est bien, où pourrait-il y avoir un problème, tout est accompli !

Tout cela, simplement pour dire que cette connaissance dont tu parles n'est réellement qu'un concept, qu'une idée, une conviction aussi forte qu'elle soit. Ce savoir, cette connaissance relèvent du mental qui, lui, n'a aucune réalité. C'est la raison pour laquelle le fait de "savoir" que je ne suis pas ce corps, pas ce mental, mais que je suis pure conscience, est une aide, une aide très efficace, mais ce n'est toutefois qu'un concept puisqu'il ne me permet jamais, en aucun cas d'avoir une totale conscience d'être le SOI. C'est uniquement lorsque l'identification avec le corps cesse que ce que l'on nomme "Connaissance" disparaît à tout jamais...

La connaissance est toujours intellectuelle, mentale et ne concerne que le spectateur (l'ego) et le spectacle (le monde). Mais si l'ego disparaît, la vision du monde cesse immédiatement.

Pourquoi songer au temps qu'il nous faudra pour Réaliser ? Celui qui est totalement déterminé à connaître sa véritable nature ne devrait penser qu'à une seule chose et s'y maintenir en permanence jusqu'à la victoire finale.

Par exemple ceci : RAMANA affirme que si l'on observe d'où surgit la notion "JE", le mental est absorbé en Cela... Alors, après cette superbe affirmation qui devrait nous faire tomber de notre siège chaque fois que nous l'entendons ! que faut-il faire ? Tout simplement mettre en pratique cet extraordinaire conseil qui est, en lui-même la maladie et le remède ! Pourquoi perdre son temps et son énergie à se demander combien de temps nous devrons mettre pour y parvenir ? Pratiquons avec détermination, sans faire intervenir volontairement ni le facteur temps ni aucun autre facteur... Soyons convaincus que RAMANA a raison et faisons-lui tout simplement confiance et alors, il n'y aura besoin de rien d'autre : croyez fortement cela !

***60/** Quelle est la légitimité de la notion de "progrès spirituels" puisqu'il ne s'agit pas d'un individu qui obtiendrait une qualité supplémentaire par rapport à une hiérarchie préétablie, mais bien plutôt d'un être qui se débarrasse de son individualité ?*

R - L'individu qui entreprend une "recherche spirituelle" avec ardeur, progressera inévitablement sur ce chemin, heureusement ! Ce qu'il reste à déterminer, c'est : vers quoi progresse-t-il ? S'il s'agit d'une connaissance intellectuelle, ou d'un savoir théorique, à quoi bon ? Tout cela pour dire que la notion de recherche du SOI est illusoire, nous le savons, il faut à présent bien le comprendre et s'en souvenir en permanence ! Et que signifie "un être qui se débarrasse de son individualité" ? On ne se débarrasse pas de cette individualité, mais on réalise l'inexistence de celle-ci. On peut dire également que nous voyons réellement que cette identification, tellement forte, n'était en réalité qu'un concept. Dans le monde des formes, c'est-à-dire dans la dualité, nous tentons sans cesse d'expliquer ce qu'est réellement le SOI et la compréhension qui en résulte ne peut être que fausse puisque faite avec l'aide de l'ego...

Comment pourrait-il en être autrement ? Donc, n'essayez jamais de doser, de mesurer vos progrès spirituels, ce serait à coup sur l'échec ! Ne songeons donc pas à cette notion de progrès spirituels parce que ce ne sont en fait que des impressions dans le mental. Au contraire, cultivons notre détermination, fabriquons des canaux d'irrigation pour étancher notre soif. Ces canaux sont par exemple l'observation "JE SUIS", l'observation du jaillissement de la sensation "je suis" au réveil etc... Voilà des "armes" pour "vaincre le mental et tuer l'ego". Il n'est vraiment besoin de rien d'autre.

Le véritable progrès, c'est en fait arriver à être certain que, n'étant pas un individu particulier, les progrès ne me concernent en rien. Mon But ultime, c'est de n'être plus que l'unique SOI. Alors commençons par écarter tout ce qui ne le concerne pas, progrès, temps etc... JE SUIS LE SOI nous dit RAMANA, ici, maintenant et c'est tout ! Si nous parvenons à faire confiance à celui qui affirme cela, nous éviterons bien des détours.

Pour terminer cette question, insistons bien sur le fait essentiel que si le SOI se trouvait dans un lieu très éloigné de nous-mêmes, nous pourrions fort logiquement songer au temps qu'Il nous faudra pour parcourir le chemin qui nous en sépare, de même qu'aux progrès accomplis pour faire correctement ce chemin. Mais, le SOI n'est ni près, ni éloigné, il est Moi-même. Il est ainsi simple de comprendre que les notions de temps et de progrès n'ont pas leur raison d'être...

***61/** Alors que presque chaque jour est source d'expériences nouvelles, j'ai du mal à savoir si les détachements nécessaires à la réalisation du SOI s'effectuent ou non. Je veux dire par là qu'il est extrêmement frustrant et décevant de faire l'expérience d'un état de paix et de plénitude, et de se réveiller tous les matins en s'identifiant encore avec ce corps et ce mental.*

Existe-t-il un moyen d'être conscient des "résultats spirituels" obtenus sur le plan de l'identification au corps ? La raison d'être de cette question est que j'ai peur de "stagner" sans m'en rendre compte et de continuer malgré moi à m'identifier à ce corps. N'y a-t-il que deux alternatives : l'ego est ou n'est pas ; ou bien l'ego est-il progressivement affaibli et comment alors s'en rendre compte ?

R - En te réveillant, demain matin, ne pense pas : "Je me suis éveillé", mais constate simplement : "L'état de veille succède à l'état de sommeil, mais moi je suis toujours là, je n'ai pas bougé : simplement un état a succédé à un autre. Je ne suis concerné par aucun d'eux". Il est nécessaire de cultiver l'attitude témoin. Plus je serai témoin, moins je serai affecté, concerné, perturbé, par les diverses sensations qui arrivent en permanence.

Pour celui qui entreprend la recherche du SOI, il n'y a qu'une seule alternative : l'ego n'a pas d'existence, seul le SOI Est. De même que le soleil permet qu'existe l'ombre, le SOI permet qu'existe l'ego. L'ego est la forme visible et donc manifestée du SOI. L'ego n'est donc qu'un reflet du SOI.

Alors, est-ce que c'est l'ombre qui chauffe la planète ou bien le Soleil ?

On peut se rendre compte de ce que l'on est en tant qu'individu, c'est-à-dire en réalité, de ce qui n'est pas constant. Ce que l'on est réellement, on ne peut que l'Être et cela ne peut être compris puisque, lorsque l'on EST tout simplement, l'intellect ou ego n'est plus.

62/ *Vous rendez-vous compte de l'évolution spirituelle de chacun ?*

R - Dans le monde de la dualité, il existe des différences et même des individus qui paraît-il ne se ressemblent pas.

Pour Celui qui n'est plus identifié à aucun concept et qui Est le SOI, la diversité créée par la dualité n'apparaît plus. Le monde de même que les individus sont moi-même et ne peuvent "être perçus" que comme étant le SOI. Mais peut-on comprendre cela ?

63/ *Je me rends compte que la vie humaine nous permet cette chance suprême de pouvoir réaliser notre véritable nature. Or, quelquefois, je suis tenté de faire partager à certaines personnes qui me semblent disposées ou intéressées à "entendre la vérité", la conception que j'ai de celle-ci. Mais je ne crois pas que ce soit à moi d'en juger. Comment faire alors ? Dois-je refuser d'en parler à ces personnes qui semblent vivement intéressées par les livres sur RAMANA qu'ils voient dans ma chambre ? Comment réagir face à cet ami qui me demande de lui prêter le livre de Arthur OSBORNE sur RAMANA après que je lui ai décrit rapidement de quoi il s'agissait ?*

R - Comment réagirait un amateur de chocolat à qui tu présenterais un superbe morceau de chocolat, de plus, de très bonne qualité et à qui tu dirais : "Je ne sais pas ce que je dois faire, tu l'as vu, mais est-il bon que je te le donne ?"

Cette question est étrange car en fait, tu te demandes si, lorsque l'occasion se présente, tu peux donner ton avis sur tes convictions actuelles en matière de spiritualité. C'est bien cela.

Comment as-tu entendu parler de RAMANA ? Et si personne ne t'en avait parlé, l'aurais-tu rencontré ?

Il t'arrive de participer à des soirées entre amis. De quoi parlent toutes ces personnes réunies ? D'une foule de sujets divers, parfois intéressants, souvent sans grand intérêt. Pourquoi, si tout à coup un sujet spirituel est abordé, tu te refuserais à donner ton avis ? N'est-ce donc pas Le sujet le plus passionnant pour toi ?

Prête-lui ce livre de RAMANA, c'est le plus beau cadeau que tu puisses lui faire et ne t'occupe pas des résultats, ceux-ci ne nous appartiennent pas. Tu es libre, ici, maintenant, à chaque instant et cette liberté permet, en outre, de dire ce que tu penses. L'important étant de ne jamais vouloir convaincre. Simplement donner notre avis en fonction de notre expérience, n'est-ce pas naturel ?

***64/** POONJA répète très souvent que pour réaliser sa véritable nature, il suffit de rester tranquille, simplement être tranquille... J'ai essayé de nombreuses fois. J'arrive à une certaine tranquillité, mais je n'ai pas pour autant réalisé. Que veut dire POONJA par "rester tranquille"?*

R - POONJA insiste sur le fait qu'il n'y a absolument rien à faire pour être le SOI tout simplement parce que nous Le sommes dès à présent. Nous sommes le Soi : cette affirmation, nous la lisons au moins une fois par jour dans un livre relatant les propos de RAMANA, NISARGADATTA, POONJA et peut-être d'autres encore. Alors pourquoi n'avons-nous pas FOI en leur témoignage ? Au moins, essayons de voir le pourquoi de notre manque de Foi afin d'y remédier et de trouver ce qui nous empêche d'être totalement conscient de ce SOI qui est notre véritable nature. Il faut un jour se décider, on ne peut pas douter éternellement. La confiance est nécessaire alors si nous ne l'avons pas suffisamment, cultivons-la avec sérieux. Comment cultiver cette confiance ? En examinant attentivement les paroles de RAMANA (par exemple) puis en s'examinant soi-même avec la même attention : la concordance devrait s'établir rapidement.

Puisqu'il est entendu que nous ne pouvons devenir ce que nous sommes déjà, il faut admettre une fois pour toutes que nous somme le SOI. La question qui se pose alors, c'est : puisque je suis en ce moment même le SOI et que donc Je suis réalisé, comment se fait-il que je ne l'expérimente pas pleinement, et que dois-je faire pour en avoir une conscience totale ?

C'est en ce sens que POONJA affirme inlassablement qu'il suffit de rester tranquille. Donc, rien à faire pour Être le SOI, mais puisque pour le moment nous n'en avons pas pleinement l'expérience, cherchons de toutes nos forces, de toute notre énergie et avec une intense nostalgie du BONHEUR ce qui perturbe cette claire perception de notre véritable nature.

En résumé, disons que le fait d'ÊTRE ne demande aucun effort et qu'il n'y a rien à faire pour Être. Par contre, s'identifier à un corps et donc à un individu particulier demande énormément d'efforts et nous le constatons à chaque instant. La seule solution est d'éliminer tout ce que nous ne sommes pas en permanence, tout ce qui n'existe pas de lui-même et si nous allons jusqu'au terme de cette recherche, nous trouverons facilement la réponse essentielle. Pour qu'une chose existe, que ce soient les individus, le monde et tout le reste, il faut que je sois présent ! Le plus merveilleux spectacle au monde ne peut exister que si Je suis présent pour le voir. Le spectacle n'existe pas de lui-même, il ne peut jamais dire : "j'existe" et son existence dépend uniquement du spectateur. Ce n'est donc pas ce qui est perçu qui est important, mais celui qui perçoit et Je préexiste à toute forme d'existence.

Si cela est correctement compris, un énorme pas sera fait...

***65/** J'ai déjà posé cette question sous une autre forme, mais je dois y revenir une nouvelle fois car je n'arrive pas à bien comprendre : RAMANA, NISARGADATTA, POONJA répètent sans cesse que nous sommes déjà le SOI, que notre véritable nature que nous recherchons est déjà présente et qu'il n'y a donc rien à réaliser... Pourquoi alors, ne suis-je pas réalisé en ce moment même ? Existe-t-il une "recette" pour réussir dans cette quête de notre véritable nature ?*

R - Le SOI, c'est l'existence que l'on peut qualifier de PRÉSENCE, totale et permanente. Je suis toujours présent. Dans la vie d'un individu, des événements se succèdent sans cesse, des pensées arrivent inlassablement dans le mental, les états de veille, rêve, sommeil profond chaque jour reviennent puis disparaissent. Tout cela arrive, et celui à qui cela arrive est le SOI qui, pour un individu, dans un corps particulier, est manifesté et prend le nom de CONSCIENCE. La source de la Conscience est simplement le SOI.

Lorsque RAMANA dit qu'il n'y a rien à réaliser, Il veut dire rien de nouveau, rien qui ne soit déjà présent à chaque instant. Le SOI, notre nature véritable non seulement existe en permanence, mais il est l'Existence même, il n'y a rien d'autre !

Celui qui prétend ne pas être réalisé se trompe parce qu'il est encore identifié à l'ensemble corps-mental et il pense qu'il doit "devenir" un être réalisé, c'est-à-dire différent, meilleur, avec une connaissance particulière, et c'est cela la véritable difficulté. Le SOI n'est pas un état à atteindre ni une expérience transcendante à obtenir, mais au contraire - et comprenez cela une fois pour toutes - c'est lorsque les expériences s'arrêtent et uniquement à ce moment là, que le SOI est "réalisé". Toute expérience relève des sens et n'est donc qu'un concept. Mais encore une fois il faut bien que cela soit constaté par quelqu'un : QUI constate cela ?

Quant à une recette pour réussir à découvrir notre vraie nature ! Pourquoi pas...

1 - Tout d'abord ne tenir pour vrai que ce que l'on expérimente soi-même, directement. Tout le reste est à écarter : lectures, certitudes diverses, convictions, ouï-dire etc... Une fois tous ces bagages déposés, vous serez plus légers...

2 - Désirer intensément "connaître" notre nature véritable. C'est le point essentiel. Il est indispensable d'avoir une motivation qui surpasse tout et à laquelle rien ne pourra résister. Une ferme détermination est synonyme de réussite et l'échec est alors impossible.

3 - Sentez-vous LIBRES intérieurement parce que c'est la réalité ! Vous êtes, au niveau de la Conscience, totalement libre, vous n'avez donc pas à le devenir ! Cela aussi est très important. La pensée "je ne suis pas réalisé" ou "je ne suis pas libre" n'est encore qu'un concept. Alors remplacez ces concepts par un autre concept : "je suis libre et j'ai toujours été libre". Ce n'est peut-être qu'un nouveau concept, mais il représente la Réalité, c'est donc différent.

4 - Une fois compris que Je ne peux pas "devenir" le SOI parce que Je suis déjà le SOI, cherchons très sérieusement ce qui nous fait dire que "nous n'avons pas l'expérience totale"... C'est vrai, nous entendons dire en permanence : "je comprends bien tout cela, Je suis le SOI, je ne suis pas le corps etc... mais cette compréhension n'est qu'intellectuelle. Alors que dois-je faire pour passer d'une compréhension intellectuelle à l'expérience en elle-même ?" La réponse est simple : QUI constate que cette compréhension n'est qu'intellectuelle ? Il faut bien que quelque chose ou quelqu'un soit présent pour constater tout cela ! Ce qui est présent en permanence et qui constate tout cela est le SOI. Pour passer d'une compréhension intellectuelle à l'expérience réelle du SOI, il suffit donc d'enlever cette idée tenace et fausse que la compréhension intellectuelle est nécessaire. Toute compréhension, aussi grande soit-elle n'est que conceptuelle. La source d'où tout s'élève, y compris moi-même en tant qu'individu, y compris le monde et tout ce qu'il contient, cette source, c'est Moi, c'est-à-dire le SOI et c'est la seule réalité permanente qui existe d'elle-même. Rien de ce qui est perçu n'a d'existence propre. Tout ce qui Existe n'a d'existence que parce JE suis PRÉSENT pour le constater. Et seule cette présence est réelle.

5 - Comme le SOI est éternelle PRÉSENCE, cultivez cette Présence en étant de plus en plus Présent à vous-même. Observez Ce qui fait que vous vous savez existant. Observez attentivement d'où surgit cette sensation d'Être parce que, à partir de cette source, tout surgit : le "je" dans un corps, dans le monde etc... tout cela arrive à cause de l'identification au "je". Une fois encore, demandons-nous très sérieusement : Lorsque le "je" qui surgit au réveil, chaque matin, avec son flot de pensées et donc de problèmes en tout genre, lorsque ce "je" est englouti chaque soir dans le sommeil profond, Qui existe durant cette période où ce "je" n'a aucune existence ? La réponse est évidente. Alors prenez pleinement conscience de cette réalité et il n'y aura plus rien à chercher.

66/ *D'un côté RAMANA dit qu'il est impossible de changer le cours de cette vie. De l'autre, il affirme qu'il est possible de réaliser notre véritable nature dès cette vie.*

Comment doit-on comprendre cela ? La réalisation survient-elle tout à fait indépendamment de nos actions ? Ou bien, le moment de notre réalisation est-il déjà déterminé ?

R - RAMANA a souvent expliqué ce qu'est le "libre arbitre". Dans la question posée, il n'y a pas contradiction. Que dit RAMANA à propos de ce fameux et bien incompris "libre arbitre" ?

"Toutes les actions que le corps accomplira sont déjà décidées au moment où le corps naît à l'existence. La seule liberté qui vous est accordée est de vous identifier, ou de ne pas vous identifier avec votre corps."

Vous avez lu ces paroles, une fois, peut-être plusieurs fois... et cependant, vous n'avez pas compris le sens ! Faisons une petite révision de base au sujet de la quête du SOI, c'est-à-dire de notre véritable nature ; passons sur les préliminaires et arrivons aux premières constatations.

Tout d'abord, le corps et les cinq sens ne sont pas moi. Ensuite, nous constatons que le mental, lui non plus, n'est pas moi. Ces deux constatations nous conduisent à la question suivante : si je ne suis ni le corps, ni le mental, alors d'où s'élèvent les pensées ? On se rend compte alors que le champ d'action des pensées est le mental. La question suivante est donc : Qui prend conscience de l'existence de ces pensées ? La réponse est l'individu ou ego. En continuant notre recherche, on découvre que cette individualité ou ego ne peut pas être notre véritable nature puisque cette conscience d'être un individu n'est pas permanente, elle apparaît le matin au réveil puis disparaît dans le sommeil profond. La Vérité doit être permanente et elle doit exister d'elle-même. L'ego n'est donc pas permanent de même que les trois états de veille, rêve et sommeil profond. Mais pour pouvoir constater l'impermanence de tout cela, il faut bien que quelqu'un soit présent ! Ce quelqu'un est le Témoin et on l'appelle le SOI et le SOI est tout simplement l'Existence, l'Êtreté.

Si cela est bien compris, c'est tout à fait suffisant pour "réaliser" notre vraie nature. Qu'est-ce que réaliser notre nature véritable ? C'est réaliser que nous ne sommes pas un individu et donc pas une existence particulière, mais simplement l'Existence elle-même. Il ne s'agit pas, cette fois, d'une compréhension quelconque, ni d'une expérimentation de plus, mais bien plutôt d'une désidentification totale et donc définitive. Ce qu'il faut comprendre par contre, c'est qu'une personne ne peut pas réaliser sa vraie nature, mais on réalise que l'on n'est pas cette personne. La différence est essentielle. En effet, une personne, un individu demeure un individu avec son corps et les fonctions qui l'accompagnent, que ce soit avant cette réalisation, ou après. Ce n'est donc pas la personne dans son corps qui change en quoi que ce soit, mais l'on réalise que l'on n'est pas cette personne.

Au regard des nombreuses questions posées au sujet de la réalisation, il est évident que personne ne semble vouloir comprendre cela ! Là encore, RAMANA constatait que malheureusement, les chercheurs, bien qu'ils étaient certainement persuadés de la réalisation de RAMANA, continuaient malgré tout à ne voir que les apparences et donc son corps... Il disait, alors que la maladie rongeait son corps : "Ils pensent que je vais partir, mais où irais-je, Je suis ici ! Ils prennent ce corps pour RAMANA ! Quelle pitié !"

Pourquoi n'y a-t-il pas contradiction lorsque RAMANA affirme que toutes les actions que le corps doit accomplir sont déterminées à l'avance et que, malgré tout il existe une liberté, celle de s'identifier ou de ne pas s'identifier avec notre corps ?

En effet, RAMANA parle bien d'une Liberté que nous avons ! Une seule peut-être, mais elle est de taille ! Mais en y regardant de plus près, c'est une bonne nouvelle, une énorme nouvelle, car il semble bien que Liberté veut dire CHOIX ! RAMANA affirme donc que nous avons le choix, un seul, c'est bien entendu, mais quel Choix ! Celui de s'identifier ou de ne plus s'identifier avec ce corps qui nous perturbe tant. Mais alors, par quel processus vais-je pouvoir faire ce choix puisque j'ai cette formidable liberté ? Ce choix se fait au moyen de la Conscience tout simplement et cette conscience personnelle c'est l'ego ou Âme.

Ne perdez pas toute votre énergie et tout votre temps à comprendre cela, mais sachez que c'est la vérité en ce qui concerne ce que l'on nomme Karma, destin, libre arbitre, etc... La plupart des textes qui traitent de ce sujet ne sont pas sérieux et induisent les chercheurs dans l'erreur. Ce que dit RAMANA est en fait très clair et c'est bien ainsi que les événements se produisent. Ne confondons pas les actions avec Celui à qui elles arrivent.

Comprenez bien ce que signifie RÉALISATION : réalisation de quoi et par qui ? Celui qui constate qu'il possède un corps, n'est pas ce corps, cela peut se comprendre : on ne peut pas être ce que l'on voit ! Après la compréhension qui ne peut être qu'intellectuelle et c'est normal, vient ce que l'on nomme réalisation et c'est simplement l'application de cette compréhension et "l'expérience" totale et définitive que "Je ne suis pas le corps".

67/ *Vous allez trouver cette question étrange et j'aurais dû, c'est vrai, la poser au tout début ; mais parfois, je suis un peu perdu dans ma recherche et je ne sais plus vraiment ce que je cherche... Pourquoi dois-je découvrir ma véritable nature et le fait d'y parvenir me rendra-t-il heureux ?*

R - C'est lorsque cette question se présente à nous que l'on entreprend ce que l'on appelle une "recherche spirituelle". Or à quoi aspire chaque individu sur cette planète ? Que recherchent inlassablement les hommes, sinon le Bonheur ! Tout le monde cherche comment parvenir à être heureux. Observez attentivement la vie des hommes et la vôtre, et vous constaterez que tous recherchent à être autre chose que ce qu'ils sont au départ. Et c'est naturel ! Le problème, c'est que de très nombreuses voies sont proposées et très peu nous conduisent au But. Les différentes religions promettent le Bonheur, mais un bonheur conditionné et à très longue échéance. Ce fameux Bonheur, promis par les religions n'est pas expérimentable, ici et maintenant. Si ce bonheur est fixé à une date ultérieure, c'est qu'il n'existe pas en ce moment. Or, s'il n'existe pas aujourd'hui, c'est qu'il aura un commencement et s'il a un commencement, obligatoirement, il aura une fin ! Ce Bonheur n'a donc aucune réalité et les paradis proposés sont créés pour rassurer et nourrir un espoir sans lequel la vie des hommes serait encore plus pénible. Mais ce n'est jamais une solution ! Les partis politiques font de même et les diverses philosophies se perdent dans de belles phrases qui bien sûr ne changeront jamais rien... d'autant plus qu'en fait il n'y a rien à changer sinon notre façon de voir.

Au départ, identifiés à cet ensemble corps-mental, nous recherchons naturellement le Bonheur dans le monde, sans trop savoir ce qu'est réellement ce Bonheur, simplement nous le sentons, nous sommes persuadés qu'il existe.

En quoi consiste le Bonheur ? Question primordiale ! Le point essentiel est la PERMANENCE : Le Bonheur doit être permanent.

Or, si l'on examine notre vie, avec ses joies et ses peines, nous remarquons rapidement que ce n'est pas réellement le Bonheur parce que les événements qui nous rendent heureux sont éphémères, il ne durent pas et leur nom est : Plaisirs.

Ce qui n'est pas permanent ne peut nous procurer le Bonheur auquel chacun aspire si fortement. Il est vrai que l'on pourrait remplacer l'expression "recherche spirituelle" par recherche du Bonheur car c'est plus explicite. Mais comprenons bien que l'humanité tout entière est à la recherche de ce Bonheur : celui qui boit avec excès, le drogué, les affamés de sexe, les révoltés en tous genres, ceux qui ne vivent que pour s'enrichir, ceux qui recherchent la gloire et même les religieux, oui, tous ceux-là recherchent ce fameux Bonheur ! Soyez-en convaincus et vous verrez qu'en fait tout le monde est en pleine recherche. Et la vérité s'affirme d'elle-même : on entend souvent dire - et c'est le mal du siècle - "je suis mal dans ma peau". C'est normal puisque nous ne sommes pas cette peau...

L'unique problème, mais il est de taille, c'est que l'homme, identifié à son corps, recherche le Bonheur avec les moyens du corps et ces moyens ce sont les sens. Les sens ne peuvent nous procurer que des sensations. Si ces sensations sont agréables, nous les appellerons plaisirs et si elles sont désagréables, souffrances.

Les plaisirs ne sont ni bons ni mauvais, ils correspondent naturellement à une réaction des sens aux objets qui nous entourent. Mais ce qui est par contre certain, c'est qu'ils sont éphémères : ils apparaissent et puis disparaissent. Si l'homme est privé d'un plaisir qu'il a l'habitude d'avoir, il en sera perturbé et cela engendre une souffrance.

Celui qui constate l'impermanence des plaisirs va alors se demander comment trouver réellement le Bonheur. En approfondissant notre recherche, nous constaterons que ce

Bonheur, qui se doit d'être permanent, ne peut pas être extérieur à nous. Cela seul qui est permanent est appelé le SOI et c'est en Lui seul que se trouve le Bonheur. C'est notre nature véritable que l'on qualifie de "ÊTRE - CONSCIENCE - BÉATITUDE."

Donc, la recherche du SOI - ou de notre nature véritable est simplement la recherche du Bonheur.

68/ *En relisant toutes les questions et surtout les réponses données, il apparaît que pour parvenir au But, c'est-à-dire réaliser ma vraie nature, le SOI, l'essentiel réside dans la détermination, pour ne pas dire le Désir intense d'y parvenir. Est-ce que vraiment cette ferme détermination suffit ?*

Et, question peut-être indiscrète : parmi toutes les personnes que vous avez rencontrées, intéressées par une recherche spirituelle et qui vous ont posé des questions à ce sujet, y avait-il des personnes possédant cette détermination nécessaire ?

R - Oui, la ferme détermination est suffisante ! Dans votre vie de chaque jour, vous constatez que ceux qui arrivent dans ce qu'ils entreprennent sont des passionnés, ils consacrent tout leur temps, toute leur énergie pour parvenir au but qu'ils se sont fixés. On ne peut pas réussir si l'on est dispersé. On doit se fixer un but et tout faire pour y parvenir. Dans cette recherche du SOI, il en est de même.

Cette détermination sera progressive, en fonction de l'intérêt grandissant que nous aurons pour cette découverte de notre nature véritable, seule capable de nous donner le réel BONHEUR puisque seule permanente.

Non, je n'ai pas encore rencontré un chercheur possédant la détermination nécessaire. Ces êtres sont rares et c'est à cause de cette rareté que l'on entend toujours dire qu'il n'y a qu'un chercheur sur un million qui réalise sa vraie nature. Cela veut essentiellement dire qu'un seul sur un million possédera la détermination indispensable à cette fameuse réalisation ! On peut donc dire que cette réalisation n'intéresse pas beaucoup de monde et la responsabilité est à attribuer aux religions. Pourquoi si peu d'intérêt pour la réalisation de notre nature véritable ? Nous l'avons vu dans une précédente question : tout le monde recherche le Bonheur et c'est naturel, mais les religions promettent un Bonheur que les hommes, à travers les multitudes de rites, de credos, de moyens, n'arrivent pas à percevoir clairement. D'autant plus que les paradis promis ne sont pas permanents puisqu'ils sont "à venir". Si l'on réfléchit sérieusement à ce fameux "salut" dont parlent toutes les religions, on s'aperçoit que cela n'a absolument aucun sens. "Être sauvé" suppose que l'on soit, au départ, "perdu". Supposons donc que DIEU a créé l'homme et qu'il l'a mis sur terre en lui disant en quelque sorte : "Voilà, tu es mauvais, tu vas commettre des péchés, tu es en quelque sorte, perdu... Sauf si, malgré tous les handicaps dont je t'ai doté, tu arrives à t'en tirer. Je t'ai créé totalement imparfait, à toi de devenir meilleur et tu pourras accéder au paradis", après, toutefois, soit le jugement dernier pour certaines religions, soit par exemple un capital de bonnes actions suffisant, pour la plupart des religions orientales... !

Si l'on se rappelle que l'homme n'a absolument jamais demandé à DIEU de venir sur terre, l'addition à payer est sévère ! Les religions donnent des conseils, souvent des instructions en échange de promesses qu'elles ne pourront jamais tenir : voilà la triste réalité, on se moque du monde ! Pas étonnant, avec ça que très peu de monde soit intéressé !

Non, laissez ces paradis imaginaires et comprenez que le réel BONHEUR est permanent, qu'il ne peut pas surgir à un moment ou à un autre, c'est tout simplement notre Nature véritable, toujours présente et ne dépendant de rien et surtout pas de mérites illusoires ! Ce Bonheur, nous l'appelons le SOI, par opposition au moi individuel ou ego, et ce SOI ne se mérite pas, ne survient pas, il n'apparaît ni ne disparaît, Il est permanent et Je Suis cette permanence ou Présence éternelle.

***69/** Pourquoi ne ressentons-nous pas ce Bonheur, pourquoi n'avons nous pas pleinement conscience d'être le SOI ?*

R - Êtes-vous certain de n'avoir pas conscience d'exister ? L'existence est le Soi donc vous avez cette conscience d'exister et d'être en fait le Soi ! Le problème provient uniquement des habitudes mentales c'est-à-dire de tout ce que vous pensez savoir, de la vie, du monde, de vous et des autres. Tout ce que vous avez appris comme des vérités bien établies et qui ne sont que des "on dit", résultats des convictions des parents qui eux-mêmes l'ont appris de leurs parents etc... Il en est de même de toutes les convictions, de toutes les croyances : de simples conceptions, de simples idées et pourtant, elles font marcher le monde depuis si longtemps... Constatez sérieusement que les plus belles idées, les plus grands principes, les plus grands personnages n'existent que si j'en prends conscience ! C'est de ma présence que dépend l'existence de toute perception. N'est-ce pas évident ? Tout ce qui est perçu est contenu dans le mental. Quand le mental apparaît (au réveil), le monde et tout ce qu'il contient, apparaissent. Mais qui constate cela ?

Le Soi est toujours "expérimenté", mais les habitudes mentales que nous entretenons sans cesse font que nous nous prenons pour ce que nous voyons, c'est-à-dire un individu avec une forme corporelle. A partir de cette fausse identification, il est certain qu'il n'est pas possible de trouver le Bonheur puisque l'ensemble corps-mental fonctionne au moyen des sens et que les sens ne peuvent nous procurer que des sens-ations qui, elles-mêmes, nous font expérimenter les plaisirs.

Dans le sommeil profond, les sens sont absents, les plaisirs ne peuvent être ressentis et pourtant nous sommes parfaitement heureux ! Cela prouve clairement que le Bonheur n'a aucun rapport avec les plaisirs procurés par les cinq sens. Le Bonheur n'est pas une expérience sensorielle : la poupée de sel recherche l'océan ; elle sent très fortement son origine et veut goûter à ce Bonheur de retourner en Lui. Mais elle ne goûtera ce Bonheur qu'en rentrant tout entière dans cet océan. Une fois plongée dans l'océan, que restera-t-il de sa forme de poupée ? Rien, sa conscience individuelle d'être un être séparé s'est totalement dissoute dans cet océan, et elle devient l'océan tout entier. Le Bonheur est notre véritable nature, le Soi, Il nous attire à lui et c'est Lui que nous recherchons sans cesse. Mais très souvent, nous le confondons avec les plaisirs. Nous ne goûterons ce Bonheur que lorsque nous prendrons pleinement conscience que nous ne sommes pas un être particulier, mais l'existence tout entière. Et c'est cela que l'on appelle réalisation.

En fait, le rapport entre le Bonheur et les plaisirs est le même que celui existant entre le Soi et l'ego. Les plaisirs n'existent que parce que la base d'où ils s'élancent est le Bonheur qui réside dans l'unique Soi.

***70/** Je suis convaincu qu'une forte détermination est suffisante et plus forte que tout. Mais je me rends compte que la confiance qui m'anime - et par conséquent l'intensité de ma détermination - est variable. En effet, si quelques moments agréables peuvent parfois me distraire, c'est donc* *que ma détermination n'est pas profondément ancrée, non stable. Je voudrais donc savoir, d'une part, si le fait d'être témoin fera en sorte que je sois de plus en plus convaincu de la non réalité de cette limitation arbitraire à une forme. Et d'autre part, tout ce qui est nécessaire à un chercheur viendra-t-il de soi ?*

R - Demandez-vous qui éprouve cette limitation arbitraire. Pourquoi ne pas voir les choses simplement au lieu de toujours compliquer ce qui est ? Et que veut dire "être témoin" ? La vérité est si simple : pour que le monde et tout ce qu'il contient existent, votre Présence est indispensable ! Tout est dit. De votre Présence dépend toute existence. Si cela est compris, tout est réalisé...

Toutes ces idées de limitations viennent, encore une fois et comme tout le reste, des habitudes mentales véhiculées par l'éducation, la culture, les idées religieuses qui, toutes, prennent comme point de départ l'individu, c'est-à-dire un ensemble "corps-mental" provisoire qui n'a pas d'existence indépendante. Le corps n'existe pas de lui-même, mais celui qui constate qu'il a un corps est réel et c'est le Soi ! Si le point de départ est faux, comment pourrait-on arriver à quelque chose de réel ? C'est un peu comme ces hommes, sur cette petite planète qu'est la Terre, qui pensent qu'il sont seuls dans l'Univers et qui ont cru, très longtemps, que la terre était le centre de l'Univers. Les chrétiens, aujourd'hui encore, sont persuadés qu'il n'existe pas de vie intelligente ailleurs que sur la Terre ! Quelle misère... Les idées sont si fortes qu'elles se transforment rapidement en convictions, puis en croyances et enfin en dogmes et c'est comme cela qu'on arrive à des catastrophes tout simplement à cause d'idées, de simples idées... Le monde est esclave de convictions, certitudes, credos et dogmes en tous genres et pourtant, ce ne sont que de simples concepts. La seule chose à connaître est notre nature véritable et tant que cette connaissance n'est pas réalisée, tout ce qui est connu est relatif et dépend du "connaissant". Toute compréhension est relative à l'aptitude de l'individu à comprendre et cette compréhension n'est pas la même pour tous les individus. Tant que la base d'où s'élance le mental et ce qu'il contient n'est pas connue, rien ne peut être défini comme réel. Et, lorsque le réel est connu, la connaissance elle-même, disparaît.

N'acceptons pas les idées religieuses ou politiques par habitude. Car c'est de cela dont il s'agit, les trois quarts de nos conceptions découlent des habitudes engendrées par notre culture, notre éducation etc... Un exemple simple : un français, qu'il le veuille ou non, bercé par sa culture judéo-chrétienne - qu'il soit "croyant" ou "incroyant" - a une idée de Dieu chrétienne. Aussi, lorsqu'il dit "je ne crois pas en Dieu", cela veut dire essentiellement qu'il n'accepte pas le Dieu proposé par les chrétiens. Ce qui est terrible, c'est que dans 90 % des cas, les mêmes personnes ne savent pas qu'il existe d'autres conceptions du Divin. La cause vient de l'habitude !

GALILÉE soutenait (entre autres découvertes) que la terre tournait autour du soleil. Il fut condamné, en 1633, à la prison à vie, peine ensuite adoucie en assignation à résidence surveillée. Motif retenu par l'inquisition : "sérieuse suspicion d'hérésie". Ces fameuses certitudes qui avec le temps deviennent des dogmes ont conduit l'Église aux guerres de religions et à six siècles d'inquisition ! Est-ce là l'application du nouveau commandement de Jésus : "Tu aimeras ton prochain comme toi-même" ? C'est tout simplement le contraire ! Quelle misère... Pour finir cet exemple, revenons à GALILÉE. En octobre 1992, le Vatican reconnaissait l'erreur commise par l'Église en 1633 qui avait condamné injustement cet Homme qui a passé sa vie, entre autres, à lutter contre les idées reçues. Le Vatican a donc mis 359 ans pour reconnaître qu'il aurait mieux fait de se taire. Mais à l'époque c'était chose courante que de condamner... Aujourd'hui, l'Église n'emprisonne plus personne pour hérésie, mais elle continue à condamner par la parole tout ce qui n'est pas conforme à l'idée qu'elle se fait de la vérité, donc de "sa" vérité... L'histoire de cette religion (entre autres religions) montre que cette vérité qu'elle pense détenir a conduit à tant d'erreurs et a fait tant de victimes totalement innocentes qu'il n'y a rien à rajouter pour montrer qu'il ne peut évidemment pas s'agir de La Vérité que tout chercheur sérieux désire réaliser...

Pour ce qui est de la confiance, comme toutes les impressions elle est une fonction du mental. De ce fait, elle est obligatoirement variable. La nature du mental est changeante et donc tout ce qui provient du mental est de même nature.

Ne confondez pas la recherche "spirituelle" et la détermination indispensable qui doit vous animer avec les moments agréables ou désagréables éprouvés par les sens et qui est le propre de tout individu. Les différentes sensations ressenties chaque jour et que l'on trouve bonnes ou mauvaises sont naturelles puisqu'elles résultent de l'expérience sensorielle que tout un chacun, en tant qu'individu, expérimente en permanence. En quoi des sensations, quelles qu'elles soient, pourraient perturber la détermination indispensable à la recherche de notre véritable nature ? Demandez-vous simplement : à qui ces diverses sensations apparaissent-elles ? Celui qui constate cela ne doit pas en être affecté. L'attitude TÉMOIN, avec la pratique régulière, arrangera tout cela.

Oui, tout ce qui est nécessaire à un chercheur dans sa quête de l'Absolu arrivera de lui-même si la détermination est totale et inconditionnelle.

71/ En m'interrogeant sur l'origine de cette question, je prends conscience que ce dont j'ai réellement besoin en ce moment, c'est de cette confiance totale en moi. J'ai besoin de vous entendre dire que je ne peux manquer le but. Le problème, me semble-t-il, est que je n'arrive pas à me considérer comme prêt, comme si la réalisation du Soi se situait dans un temps futur. J'ai l'impression de ne pas en être capable. C'est stupide puisque je suis déjà ce que je cherche.

Pourquoi donc est-ce que je n'arrive pas à avoir cette conviction profonde que c'est déjà là, qu'il n'y a rien à faire ou à acquérir, que c'est à ma portée ? Est-ce par peur ? Est-ce à moi de trouver la réponse à cette question ?

C'est comme lorsque j'entends RAMANA dire : "Pourquoi ne pas y retourner (au Soi) ici et maintenant ?", cela me fait frémir tellement cela paraît simple et puis c'est comme si je me résonnais et que je me disais à moi-même que ce n'est pas possible, que ce n'est pas aussi facile que ça. Parfois, je me dis qu'il suffirait de prendre RAMANA au sérieux, ne serait-ce qu'un instant, d'être absolument convaincu que ce qu'il dit est valable pour moi aussi... D'où viennent tous ces doutes ?

R - OUI, si nous avons une ferme détermination, le BUT sera atteint, si toutefois nous comprenons bien que lorsque nous parlons de But, c'est en fait de Nous - le Soi - dont il s'agit... Ceux qui effectuent une recherche dite "spirituelle", c'est-à-dire qui veulent connaître - tout simplement - leur véritable nature, réussiront dans leur démarche si leur motivation est totale. Ceux qui ne réalisent pas leur vraie nature n'ont pas la détermination nécessaire, c'est une certitude. Regardez autour de vous : vous voyez bien qu'en apparence, de très nombreuses personnes sont "intéressées" par ce que l'on désigne à l'aide de noms différents : Dieu, spiritualité, Soi, Bonheur, etc... Mais dans la majorité des cas, cet intérêt est conditionné, variable et très rarement inconditionnel, total, inébranlable, absolu. Tous ces adjectifs sont indispensables et c'est la seule condition pour réussir dans notre recherche...

D'autre part, pour parvenir au BUT, il faut bien savoir ce qu'est ce But. Cela semble évident et cependant il est indispensable de ne pas l'oublier en route... Comprenez clairement ce qui est cherché : Qui cherche Quoi ?

La conscience personnelle - ou Moi, ou encore Ego - qui, ne l'oublions jamais, est le Soi manifesté, n'est pas permanente, elle apparaît chaque matin au réveil et se résorbe chaque soir dans le sommeil profond. Bien que cette conscience personnelle soit impermanente, la source dont elle provient (le SOI) est elle permanente. Si l'on observe attentivement le fonctionnement de cette conscience personnelle, on constate qu'elle ne supporte pas cette impermanence parce qu'elle sait de façon tout à fait naturelle, instinctivement, que la source d'où elle provient (et sans laquelle elle n'a aucune existence) est permanente. Le fait de prendre conscience de cela nous pousse à l'investigation intérieure et c'est que l'on nomme généralement "recherche spirituelle".

Pour être ce que l'on est, le Soi, est-il besoin de se "sentir prêt" ? La réponse est évidente. D'autre part, il est également certain que le Soi est déjà notre véritable nature. Mais, du point de vue de l'individu qui pense qu'il doit L'atteindre, cette prise de conscience que l'on nomme "réalisation" se situe effectivement dans le temps. Dans l'exemple bien connu en Inde, le collier est autour du cou de la reine, il est déjà là. Cependant il va s'écouler un certain temps avant que la reine en prenne conscience. Lorsqu'elle voit le collier autour de son cou, elle est persuadée de l'avoir retrouvé et pourtant, il n'avait jamais disparu. Elle "réalise" enfin que ce qu'elle cherchait était déjà là. Il en est exactement de même de notre nature véritable. Nous mettons un certain temps pour prendre conscience, donc "réaliser" que nous sommes déjà là !

C'est tout à fait cela : il suffirait de prendre RAMANA au sérieux, c'est ce qu'a fait POONJA, c'est également ce qu'a fait NISARGADATTA avec son Maître. A partir de cette confiance, le temps n'a plus d'importance. Et c'est encore notre détermination qui fait naître en nous cette confiance indispensable. En premier lieu, il est indispensable d'avoir confiance en soi, en ce que l'on recherche et être persuadé que le But sera atteint. Cette confiance en soi fera le reste et les circonstances nous apporteront tout ce qui est nécessaire pour parvenir au But. Alors prenez RAMANA au sérieux une fois pour toutes parce qu'il est l'exemple parfait du But à atteindre pour découvrir le Bonheur que nous désirons ardemment. Découvrez qui est RAMANA, au delà des concepts et vous découvrirez votre nature véritable.

72/ Est-il nécessaire d'acquérir certaines connaissances spirituelles pour entreprendre la recherche de notre véritable nature ?

R - Certes non ! Ce qui est nécessaire c'est d'entendre une fois la bonne nouvelle : vous êtes le SOI, vous êtes, ici, en ce moment même le SOI et donc, ce que vous cherchez, vous l'Etes déjà ! Il faut avoir entendu Cela au moins une fois car c'est la vérité sur votre véritable nature ! Et à présent, qu'allez-vous faire de cette formidable information ?

73/ Donc, pas besoin de connaissances d'aucune sorte ?

R - Comment faut-il le dire ? Socrate le disait déjà il y a 2500 ans : "Connais-toi toi-même et tu connaîtras le monde et les dieux". Si l'on parvient à connaître notre vraie nature, Tout sera connu. Il n'y a besoin de rien d'autre. Toutes les autres connaissances relèvent du mental et n'existent qu'en sa présence. Ma véritable nature, le SOI, existe en permanence et d'Elle-même et c'est l'Existence dans sa totalité.

74/ Quand j'entends vos réponses, cela me semble simple et parfois même évident. Pourquoi, un peu plus tard, les doutes reviennent-ils ?

R - C'est la nature du mental et tout ce qu'il contient. Et dans un sens, c'est bien ainsi. Vous pouvez douter de tout en fait, sauf de votre existence ! Les doutes n'existent que parce que, d'un autre côté, vous avez des certitudes. Certitudes et doutes sont des impressions dans le mental, de simples sensations. Alors regardez vos certitudes et vos doutes sérieusement, prenez le temps de les analyser et à la fin il ne vous restera plus qu'une seule certitude, celle d'exister et donc d'être le Soi parce que celui qui doute ne peut résister à celui qui constate cela. Vous n'êtes pas vos sensations, vous constatez que ces sensations existent. De même, lorsque vos certitudes et vos doutes cessent, vous continuez d'exister ! Alors qui est concerné par ces doutes et ces certitudes ? Arrêtez une fois pour toutes de vous identifier à vos sensations de même qu'aux événements qui arrivent.

75/ Je comprends mieux, mais les doutes sont-ils malgré tout un handicap dans la recherche spirituelle ?

R - Il n'y a pas de handicap dans la recherche du Soi. Il faut simplement un peu de temps pour évacuer les habitudes mentales qui sont très tenaces parce que très anciennes. Et puis il est préférable d'avoir des doutes que des certitudes. Regardez l'histoire des nations depuis les tout premiers temps. Constatez combien de millions d'êtres humains (et autres espèces d'ailleurs) sont morts à cause justement d'hommes qui avaient des "certitudes", que celles-ci soient religieuses ou politiques, c'est la même catastrophe, la même bêtise, la même erreur ! Lorsqu'un homme est "certain" d'avoir raison et que les autres se trompent (c'est le cas des partis politiques et des diverses religions) le résultat est inévitablement lamentable... Et pourtant c'est évident n'est-ce pas ? Malgré tout, à l'aube de cet an 2000 dont on nous rebat les oreilles, les certitudes d'individus plus ou moins fanatiques continuent de faire des victimes et il en sera toujours ainsi... Quelle bêtise ! Cela vous montre au moins que certitudes et doutes doivent un jour être dépassés.

***76/** Je comprends bien tout cela. Mais comme toujours, demain, les doutes vont revenir et perturber mes convictions sur ma recherche spirituelle, sur l'idée que je me fais de ma nature véritable et même sur ce que vous me dites en ce moment. Est-ce qu'un jour je parviendrai à croire définitivement en ce qui m'apparaît évident sur l'instant ?*

R - C'est bien là l'éternel problème : vous parlez de croyance et je vous conseille d'abandonner toute croyance. Avez-vous besoin de croire que vous existez pour exister ? Ce sont les religions qui imposent des credos et qui demandent et même exigent de croire en ce qu'elles proclament. Croire signifie "tenir pour vrai" donc croire est un "a priori" et représente une simple éventualité. Croire, c'est donc accepter des idées, des principes, des théories que d'autres ont propagées, sans en avoir expérimenté l'authenticité. La religion impose une croyance et celui qui pratique "sa religion" doit s'y tenir, sinon il est hérétique. En résumé, la croyance représente une théorie et la pratique c'est ce qui est entrepris pour réaliser, connaître, notre vraie nature.

Quant à ce que je dis, il n'y a là rien de nouveau et personne ne vous demande d'y croire. Arrêtez, ne serait-ce qu'un instant, de vous identifier aux idées des autres, à une culture, à des credos, parce qu'ils ne sont pas le résultat de votre propre expérience ! Vous entendez mes réponses à vos questions, mais vous les attribuez à un individu et à des sensations qui en découlent et c'est dommage : écartez les apparences et vous entendrez différemment. Je n'expose pas de grandes théories à suivre, simplement je vous livre mon expérience telle qu'elle se présente et cela ne demande aucune croyance particulière en qui que ce soit, aucune adhésion à un quelconque credo. Mon conseil serait de ne croire qu'en Vous en tant que principe unique d'où s'élance tout le reste, mais cela doit être expérimenté et non faire l'objet d'une croyance...

Oui, cela peut s'arranger si les doutes et les convictions que vous entretenez sans cesse disparaissent et c'est en fait ce qui arrive chaque soir quand vous dormez...

La plus grande difficulté dans la recherche dite spirituelle réside dans le fait que le chercheur n'a pas l'expérience de l'état Absolu. Comment comprendre ce que l'on n'expérimente pas soi-même ? C'est impossible ! Ne basez donc pas votre recherche uniquement sur la compréhension.

À présent, tout a été dit et il n'est plus nécessaire de formuler d'autres questions. Vous pouvez, de temps en temps, relire ce dont il est question au cours de ces pages car l'essentiel s'y trouve. N'oubliez jamais que le chercheur qui désire réellement atteindre le But ne peut pas échouer s'il est animé d'une passion, d'une ferveur sans limite, c'est absolument impossible ! Il y aura des hauts et des bas, mais maintenez fermement le cap jusqu'à la victoire finale et vous connaîtrez enfin le Bonheur, votre véritable nature.

Observez inlassablement le jeu de la Conscience et reconnaissez, une fois pour toutes, que vous ne pouvez pas être ce que vous observez - événements, sensations etc... Vous êtes Celui qui constate cela. Ne confondez plus les événements, les impressions ou sensations avec Celui qui constate leur existence : n'est-ce pas évident ? Vous n'êtes, à aucun moment le spectacle, mais vous êtes en permanence, l'Unique spectateur. Votre nature véritable est l'Être infini, mais l'entendre ou le savoir ne suffit pas, soyez cet Être que vous êtes déjà !

Réalisez cette Évidence, l'évidence de l'Êtreté, permanente, stable, source unique du Bonheur.

Talant, le 12 Novembre 1998.

Ouvrages parus aux Deux Océans

DOMAINE AFRICAIN
Tiarko Fourche et Henri Morlighem. *Une Bible Noire. Cosmogonie bantoue.*
Ngo Semzara Kabuta. - *Le rapt du soleil.*
- *Contes vivants d'Afrique.*
- *Dis-moi ton nom.* À paraître.

DOMAINE BOUDDHIQUE
Bhikkhu Bouddhadasa. *Bouddhisme et socialismes.*
Santideva. *La marche à la lumière.*
Majjhimanikaya, les moyens discours du Bouddha.
Le Lalitavistara, l'histoire traditionnelle de la vie du Bouddha Shakhyamuni.
Le dhammapada. Les Stances du dhamma.
T.P. Kasulis. *Le visage originel ou l'individu dans le bouddhisme zen.*
Padmasambhava. *Le dict de Padma.* Traduit du tibétain par G.C. Toussaint.
N. Norbu Rinpoché. *Dzogchen, l'état d'auto-perfection.*
Les testaments de Vajradhara et des porteurs de science. Traduit du tibétain et présenté par J.L. Achard.
Shardza Tashi Gyaltsen. *Les sphères du cœur.* Commenté par Lopon Tenzin Namdak.
Peltrül Rinpoche. *Le Docte et Glorieux Roi.* Tr.aduit du tibétain et présenté par J.L. Achard.

DOMAINE CHINOIS
Zhao Bichen. *Traité d'alchimie et de physiologie taoiste.* Tr. et présenté par C. Despeux.
Les entretiens de Mazu, Maître Tch'an du VIIIè siècle. Tr. du chinois et présenté par C. Despeux
Les entretiens de Houang Po. Traduit par P. Carré.
Les propos du Vieux Tcheng.
L'Ivresse d'éveil, faits et gestes de Ji Gong le moine fou. Traduit du chinois et présenté par Y. Robert.
Dr. Schönberger. *Yi-King et code génétique une clé cachée de la vie.*
S. Skinner. *Feng Shui, terre vivante, traité de géomancie chinoise.*
Farzeen Baldrian Hussein. *Procédés secrets du joyau magique. Traité d'alchimie taoiste du xiè siècle.*
Nan Shan. *Recueil de la Colline du Sud.*
Au sud des nuages.
Dresser des pierres, planter des bambous, l'art du jardin selon Nan Shan.
Antoine Marcel. *L'Esprit du bonsaï.*

DOMAINE CHRÉTIEN
B. Roberts. -*Vie unitive.*
- *Au centre de soi-même.*
R. Kfouri. *Saint Jean de la Croix et la mystique hindoue.*
Jean Biès. *Athos, la montagne transfigurée.*
Swâmi Shraddhananda Giri. *L'évangile de Thomas, ou la connaissance dans les paroles de Jésus.*
Colette Poggi. *Les œuvres de vie selon Maître Eckhart et Abhinavagupta.*

DOMAINE INDIEN
Eliot Deutsch. *Qu'est-ce-que l'Advaita Vedanta ?*
Sri Nisargadatta Maharaj. - *Je suis.*
- *Graines de conscience.*
- *Sois !*
- *Ni ceci, ni cela.*
- *À la source de la conscience.*
- *Conscience et absolu.*
Siddharameshwar Maharaj. *La clef de la réalisation de soi.*

Lilian Silburn. *La Kundalini, ou l'énergie des profondeurs.*
Le Véda. Traduit du sanscrit par Jean Varenne.
Présence de Ma Anandamayi. Tr. par J. Herbert.
U.G. *-Rencontres avec un éveillé constestataire.*
- Le mental est un mythe.
- La pensée est votre ennemie.
- Le dos au mur, ou le mythe de la perfection.
U.G./Y. Rielle. *Coloquintessence.*
Jean Klein. *- L'insondable silence.*
- À l'écoute de soi.
Ramana Maharshi. *Immortelle conscience. Propos receuillis par Paul Brunton.*
Arthur Osborne. *Ramana Maharshi et le sentier de la connaissance de soi.*
Lakshman Jî. *Sivaisme du Cachemire, le secret suprême.*
Dr. Verma, *-Yoga pour une santé intégrale.*
- Le Kamasutra des femmes.
- L'Ayurvéda, science de la vie.
M. Coquet. *- Arunachala, la montagne de Shiva*
- Linga, le signe de Shiva.
Les dits de Lalla, XIV au Cachemire, et la quête mystique. Tr. du cachemirien et présenté par M. Bruno.
Colette Poggi. *Les œuvres de vie selon Maître Eckhart et Abhinavagupta.*
Bernard. *Être simplement.*

Domaine islamique
P. Lory. *Les commentaires ésotériques du Coran d'après Qashani.*
Toshihiko Izutsu. *Unicité de l'existence et création perpétuelle en mystique islamique.*
An-Nawawi. *Les quarante hadiths.*
Jâmi. *Les jaillissements de lumière.*
Ibn Arabi. *- L'arbre du monde.*
- Le livre de l'arbre et des quatre oiseaux.
Marijan Molé. *Les mystiques musulmans.*
Ibn Ata Allah. *Traité sur le Nom Allah.*
Balyani. *Épître sur l'unicité absolue.*
Attar. *Le livre des secrets.* Traduit du persan par C. Tortel.
Ghâzali. *La perle précieuse.*
Yves Moatty. *Kabir fils de Ram et d'Allah.*
Kabir. C*ent huit perles.* Traduit du hindi et présentés par Yves Moatty.
'Ayn al-Quzât Hamadâni. *Les tentations métaphysiques.* Tr. du persan par C. Tortel.
Rûzbehan. *L'itinéraire des esprits suivi du Traité de la sainteté. T*r. du turc par P. Ballanfat.
Hazret-i Pîr-i Üftâde. *Le Dîvân.* Traduit du turc ottoman et présenté par Paul Ballanfat.

Série Hermès (Nouvelle série Sous la direction de Lilian Silburn)
- Les voies de la mystique.
- Le vide.
- Le maître spirituel.
- Tch'an-zen, racines et floraisons.

Domaine occidental
S. Jourdain. *Première personne.*
C. Charrière. *Le Simorgh.*Dr. Martin. *La foi sans croyance, ou l'éclosion de l'instinct de guérir.*
E. Bodin. *La voie de l'égoisme/Der Weg des Egoismus.*
A. Keyserling. *Le jeu divin.*
R.P. Guillot. *Philippe de Lyon, médecin, thaumaturge et conseiller du tsar.*
A. Pozin. *Être humain. Une introduction à la Roue de connaissance.*

K. Maverick. *La fracture de l'être.*
Yves Moatty. - *La déesse des origines.*
- *Orphée crucifié, la voix que la lumière fit entendre.*
- *Arion et le dauphin. À paraître.*
J. Pialoux. *Le 8è jour de Ptah.*
J.M. Terdjman. - *Erreur, ignorance et illusion.*
- *La mouche du coche/ The useless self.*
Jean Biès. -*Sagesses de la Terre.*
- *Athos, la montagne transfigurée.*
- *Par les chemins de vie et d'œuvre.*
M. Barbarin. *Redevenir simple.*
Jad Hatem. *La mystique de Gibran.*
Maria Saboya. *L'art de vivre en entier.*
AE. *De source. Les Fontaines de l'inspiration. Tr. de Patrice Repusseau.*
Georges Brunon. *La Cité Impérieuse.(Saga).*
Didier Gotthold. *Histoire d'un brin d'herbe et autres nouvelles.*
Luc Niolin. *Le Cheminement inattendu.*

COLLECTION QUE SUIS-JE ?
Phène. - *La rencontre.*
- *La parole.*
- *Le solitaire.*
Jean-Christophe Issartier. *Labyrinthe de l'amour.*

DOMAINE NATURE ET SAGESSE
D. Ball-Simon. *Ginkgo-biloba, l'arbre aux mille écus.*
D. Ball-Simon. *Vanille, mon âme est un parfum.*
D. Ball-Simon et P. Daszkiewicz. *L'héritage oublié des signes de la nature, la loi des signatures.*
Nan Shan. *Dresser des pierres, planter des bambous. L'art du jardin selon Nan Shan.*
Éric Sablé. *Le Goéland. Petit Traité du goéland argenté.*

CONTES POUR TOUS LES ÂGES
J. Brissaud et A. Raid. *La taverne du cœur, ou les facéties de Nasrudin.*
M. Toudoire. *Le nain Turlutu, contes pour tous les âges.*
A. Saadi. *L'île aux oiseaux.*
Hervé Le Faou. *La berloque.*
Hervé Rougier. *Une enfant au verger du bonheur.*
Martine Quentric-Séguy. *Contes indiens.*

Achevé d'imprimer
en septembre 2003
par IMPRIMERIE LIENHART
à Aubenas d'Ardèche
sur presse roto-numérique

Dépôt légal septembre 2003
N° d'imprimeur : 7114
Printed in France